Mit Scrum zum gewünschten System

Joachim Goll · Daniel Hommel

Mit Scrum zum gewünschten System

Joachim Goll
Daniel Hommel
Esslingen, Deutschland

ISBN 978-3-658-10720-8   ISBN 978-3-658-10721-5 (eBook)
DOI 10.1007/978-3-658-10721-5

Die Deutsche Nationalbibliothek verzeichnet diese Publikation in der Deutschen Nationalbibliografie; detaillierte bibliografische Daten sind im Internet über http://dnb.d-nb.de abrufbar.

Springer Vieweg
© Springer Fachmedien Wiesbaden 2015

Einbandabbildung: IT-Designers GmbH/Steffen Ehlers

Gedruckt auf säurefreiem und chlorfrei gebleichtem Papier.

Springer Fachmedien Wiesbaden ist Teil der Fachverlagsgruppe Springer Science+Business Media (www.springer.com)

Vorwort

Eine Vielzahl vergangener Projekte zeigt, dass ein spezifikationsorientiertes System nach der Fertigstellung und Auslieferung selten die tatsächlichen Kundenerwartungen erfüllt. Häufige Ursachen dafür sind lange Entwicklungszyklen und schnell wechselnde Anforderungen, die nicht berücksichtigt werden. Diese sind durch technologische Veränderungen bedingt, aber auch wechselnde Prioritäten und Wünsche des Kunden, die sich erst im Laufe der Zeit ergeben.

Einem spezifikationsorientierten System stehen heute die agilen Vorgehensweisen gegenüber. Diese ermöglichen die Entwicklung und Auslieferung kleiner funktionierender Systemteile in kürzeren Zeitabschnitten. Somit entstehen frühzeitig Softwarefragmente mit gutem Kundennutzen. Langfristiges Ziel ist dabei, sich dem Gesamtsystem schrittweise zu nähern und die Erfüllung der Anforderungen kontinuierlich zu sichern.

Zum Vergleich werden in diesem Buch einzelne agile Ansätze analysiert und detailliert vorgestellt. Sie werden den Methoden der spezifikationsorientierten Entwicklung gegenübergestellt und können miteinander kombiniert betrachtet oder verwendet werden.

Der Schwerpunkt in diesem Buch liegt auf dem agilen Rahmenwerk Scrum. Dessen Ursprung liegt in den Methoden des "Extreme Programming". Diese werden neben der Change Management-Methode Kanban vorgestellt. Diese Prinzipien können agile Projekte sinnvoll unterstützen oder alleinstehend verwendet werden.

Neben den bereits genannten Aspekten besitzen agile Methoden weitere Vorteile:

1. Der Kunde kann anhand der realisierten Software-Teilstücke seine "wahren" Anforderungen erkennen und die Entwicklung des Softwaresystems kurzfristig beeinflussen.

2. Detaillierte Anforderungen an ein Software-Teilstück müssen erst dann vorliegen, wenn dieses realisiert werden soll. Das senkt das Risiko, ein System auf Basis veralteter Informationen zu entwickeln.

3. Selbstbestimmung, die in agilen Projekten weitgehend üblich ist, fördert die Motivation der Entwickler. Zudem kann Höchstleistung erzielt werden, wenn Menschen die Möglichkeit haben, Verantwortung für ihre Arbeit zu übernehmen. Sie lernen unmittelbar aus Erfolgen und Fehlern – sie können somit ihre Arbeitsweise schneller anpassen.

Agile Entwicklung ist ein schrittweises Vorgehen und behandelt nur die Aspekte, die zum jeweiligen Zeitpunkt wichtig sind ("work on demand"). Nur das, was der Kunde haben möchte, wird gebaut. Dabei können die Anforderungen an ein Teilstück bis kurz vor seiner Realisierung noch geändert werden. Das erlaubt eine flexible Produktion der Software. Zudem können unbekannte Anforderungen und technische Unklarheiten im Verlauf eines Projektes möglichst lange erforscht oder auch ignoriert werden. Dadurch werden unwichtige Aspekte möglichst lange ausgeblendet und andere können durch Rückfragen ausgiebig geklärt werden. Das senkt Projektrisiken.

Aber ein System ist bekanntermaßen mehr als die Summe seiner Teile. Anforderungen lassen sich nicht einfach zerlegen und einzeln bearbeiten. Eine Vielzahl an gescheiterten Projekten hat deutlich gezeigt, dass eine "Salami-Taktik" nicht zu funktionierenden und guten Ergebnissen führt.

Um die Wahrscheinlichkeit für ein gutes Softwaresystem zu erhöhen, ist zusätzlich wichtig, dass die Entwickler und die Vertreter des Kunden kontinuierlich gemeinsam an einem geteilten Verständnis der zu lösenden Aufgabe und der Vision des zu liefernden Systems arbeiten. Dieses gemeinsame Verständnis ist regelmäßig zu überprüfen und anzupassen. Es verändert sich im Laufe der Zeit. In Kombination mit einem Feedback über den aktuellen Kundennutzen dient es dem Entwicklungsteam als Richtschnur.

Als Mittel zur Schaffung eines gemeinsamen Verständnisses des Problembereichs, also der Welt des Kunden, wird das Thema Domain-Driven Design behandelt. Um ein geteiltes Verständnis der Vision des Systems zu erzeugen, wird "User Story Mapping" beschrieben.

Danksagung

Wir bedanken uns herzlich bei Frau Martina Stangohr, Herrn Julian Alt, Marcel Kilian, Felix Schmid, Marc Schubert und Jordanis Andreanidis für wertvolle Diskussionen. Herrn Steffen Wahl danken wir für die sorgfältige Durchführung des Konfigurationsmanagements.

Esslingen, im Juni 2015   J. Goll / D. Hommel

Inhaltsverzeichnis

Kapitel 1

Erfolg trotz Unwissen und Änderungen

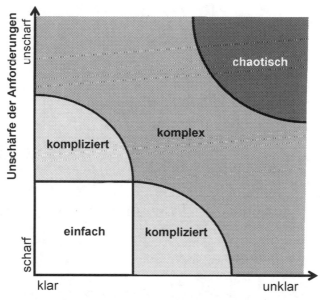

1 Erfolg trotz Unwissen und Änderungen

Das notwendige Wissen über ein System kann zu Projektbeginn bereits teilweise existieren. Fehlendes Wissen kann im Projektverlauf ermittelt werden. Ein aktuell vorliegendes Wissen kann allerdings instabil werden. Wegen der häufigen Änderungsrate der Kundenanforderungen muss man in einem Projekt mit diesen Unsicherheiten leben können. Erstens ändern sich die Wünsche der Nutzer des zukünftigen Systems, zweitens ändern sich die Märkte und als Folge ändern sich ebenfalls die zu verwendeten Technologien.

> Gebraucht wird eine **adaptive Projektdurchführung**, die fehlendes Wissen kompensiert und sich der jeweiligen Situation anpasst.

Dies spricht dafür, ein System in kleinen Teilen inkrementell zu realisieren. Dabei werden im ersten Schritt nur die Kundenwünsche für die im nächsten Anlauf zu realisierenden Teile definiert und anschließend umgesetzt. Weitere Anforderungen bleiben zunächst unberücksichtigt.

Kapitel 1.1 untersucht, wie man erfolgversprechend vorgeht, wenn das für eine erfolgreiche Projektdurchführung erforderliche Wissen zu Beginn eines Projekts noch nicht vorliegt, sondern erst im Projektverlauf ermittelt werden muss. Bei diesem Prozess können sich regelmäßige Änderungen ergeben. Scheinbar als sicher ermitteltes Wissen wird wieder in Frage gestellt. Dieses Kapitel untersucht Handlungsmuster bei verschiedenen Kategorien der Unsicherheit. Kapitel 1.2 studiert das Prinzip der empirischen Prozesskontrolle. Kapitel 1.3 befasst sich mit dem Prinzip der Selbstorganisation und der daraus folgenden intrinsischen Motivation. Kapitel 1.4 diskutiert das Konzept des letzten vernünftigen Moments.

1.1 Handlungsmuster bei Wissen und Unwissenheit

Man kann ein System nur dann geradlinig entwickeln, wenn es wohlgeordnet ist und stabile Informationen vorliegen.

> Im Falle von instabilen Informationen besteht Unsicherheit, wie man handeln soll.

Mit den Prozessen der Entscheidungsfindung im Management von Organisationen befasste sich Stacey (siehe Kapitel 1.1.1). Snowden (siehe Kapitel 1.1.2) setzte sich allgemein mit Problemsituationen verschiedener Komplexität auseinander. In den folgenden beiden Kapiteln 1.1.1 und 1.1.2 soll auf die Erkenntnisse von Stacey und Snowden eingegangen werden. Diese Erkenntnisse können auch auf Projekte zum Bau von Systemen übertragen werden.

1.1.1 Bewertung der Komplexität eines Projekts nach Stacey

Mit Hilfe der sogenannten Stacey-Matrix kann die **Komplexität von Projekten** visualisiert werden.

Die **Stacey-Matrix** kann verwendet werden, um die **Komplexität eines Projekts** zu analysieren und einzuordnen.

Bei der Entwicklung von Software gibt es vor allem zwei wesentliche system-bestimmende Faktoren, die große Unsicherheiten beinhalten können. Diese beiden Faktoren bestehen zum einen aus dem "Was", zum anderen aus dem "Wie". Mit "Was" sind die Anforderungen, d. h. die zu lösenden Aufgaben, gemeint. Mit "Wie" wird beschrieben, wie die technische Lösung aussehen soll.

Zur Visualisierung der unklaren oder instabilen Anforderungen kann man auf der Ordinate einer Stacey-Matrix die **Unschärfe der Anforderungen** auftragen. Diese kann dabei von "sehr scharf" bis "unscharf" reichen. Auf der Abszisse wird die **Unklarheit über die einzusetzende Technologie**, also wie die Aufgabe technisch umgesetzt werden soll, abgebildet. Hier reicht die Skala von "klar" bis "unklar". Die Komplexität eines Projekts kann dann in Abhängigkeit von der Unschärfe der Anforderungen und der Unklarheit der einzusetzenden Technologie eingestuft werden.

Trägt man also diese beiden Werte als X- und Y-Achse auf, dann erhält man das von Ralph Stacey entwickelte und bekannt gemachte Diagramm, nämlich die sogenannte **"Complexity Landscape"** oder **"Complexity Matrix"**, in der Literatur oftmals auch schlicht als **Stacey-Matrix** bezeichnet. Die folgende Abbildung zeigt eine ver-einfachte Version der Stacey-Matrix:

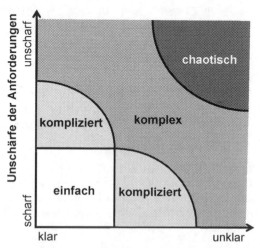

Unklarheit über die einzusetzende Technologie

Bild 1-1 Stacey-Matrix symbolisch dargestellt

Stacey teilt die Fläche dieser X-Y-Ebene, wie in Bild 1-1 zu sehen ist, anhand des Grades der Unsicherheit in die vier Domänen "einfach", "kompliziert", "komplex" und "chaotisch" auf. Dabei kann unterschieden werden in:

- **einfach**

  Es besteht **Klarheit** sowohl bei den Anforderungen als auch bei der Technologie. Durch diese Sicherheit ist das Projekt sehr gut planbar.

- **kompliziert**

  Das **System** verhält sich **vorhersehbar**, wird allerdings nicht von jedem durchschaut. Es existieren jedoch teilweise Unklarheiten bezüglich der Anforderungen und Technologien. Das System ist planbar, **Expertenwissen** ist allerdings **notwendig**.

- **komplex**

  Es gibt **viele Unbekannte**. Das Verhalten eines Systems bei Änderungen ist **nicht vollständig vorhersehbar**, es ist im Fluss. **Muster** sind jedoch erkennbar. Man erkennt sie aber nur **im Rückblick**. Sowohl die Anforderungen an das System als auch die Technologie zur Umsetzung sind noch nicht klar. Es gibt beispielsweise unterschiedliche, konkurrierende Lösungsansätze. Ohne Expertenwissen und erfahrene Entwickler ist ein komplexes System sehr schwer zu realisieren.

- **chaotisch**

  Die **Anforderungen** an das betrachtete System sind **unklar und konkurrierend**. Man hat beispielsweise eine ganz grobe Zielvorstellung, wo man hin will, weiß aber nicht, auf welchem organisatorischen Weg. Es ist sogar denkbar, dass das Ziel vermeintlich klar ist, sich jedoch im Laufe der Entwicklungszeit als falsch herausstellt. Genauso wenig besteht Klarheit über die einzusetzende Technologie zur Lösung des Problems.

  Die **Reaktion** eines chaotischen Systems **auf Veränderungen ist unvorhersehbar**. Das System ist nicht planbar, da instabil.

Bei fortschreitender Projektdauer können sich die Rahmenbedingungen verändern. So kann sich die Schärfe der Anforderungen im Laufe der Zeit von "unscharf" zu "scharf" entwickeln. Ebenso kann die Unsicherheit darüber abnehmen, welche Technologie sich zur Problemlösung eignet.

Bei **IT-Projekten** befindet man sich sehr oft im **komplexen Bereich**. Man sollte aufpassen, dass das Vorgehen im Projekt der Komplexität der Aufgabe tatsächlich Rechnung trägt und offen für die Wünsche des Kunden und verschiedene mögliche technische Varianten ist. Das beabsichtigte System sollte "erforscht" und nicht einfach "vorgegeben" werden.

Ein empirischer[1] Entwicklungsprozess, der sich laufend an die gemessenen Veränderungen anpasst, also ein **adaptiver Entwicklungsprozess**, eignet sich besonders gut, wenn man sich zu Beginn eines Projekts in einem weitgehend unbekannten Gelände mit unklaren Forderungen und einer unklaren Lösungstechnologie, also im **komplexen Bereich der Stacey-Matrix**, befindet.

Ein Framework zur empirischen Prozesskontrolle ist beispielsweise Scrum.

Wendet man das Modell der Stacey-Matrix auf ein vorliegendes Projekt an, so kann man versuchen, sein Projekt in einer der vier genannten Domänen einzuordnen. Man erhält dadurch einen ersten Eindruck über den Grad der vorliegenden Komplexität. Das in Kapitel 1.1.2 betrachtete **Cynefin-Modell** von Snowden setzt sich allgemein mit Problemsituationen verschiedener Komplexität auseinander. Es analysiert diese unter dem Aspekt der **Korrelation zwischen Ursache und Wirkung** und schlägt **Handlungsmuster** vor.

1.1.2 Handlungsmuster nach dem Cynefin-Modell

Das Cynefin-Framework von David J. Snowden befasst sich mit dem Handeln unter Unsicherheit. In unsicheren Situationen kann das Handeln nicht mehr vorausschauend und kausal begründet sein wie in Situationen der Sicherheit und Stabilität.

Snowden analysiert ganz allgemein Problemsituationen, um Hilfe bei der Entscheidungsfindung zu geben. Dieses Modell kann beispielsweise zur Bewertung der Lösbarkeit politischer Probleme, aber auch zur Frage, wie ein System am besten realisiert werden sollte, herangezogen werden.

Das Modell von Snowden führt eine Kategorisierung der Unsicherheit durch, die zunächst auf die vier Gebiete von Stacey führt. Jede einzelne Kategorie betrifft einen bestimmten Grad der Ordnung der entsprechenden Problemsituation. Snowden verbindet jede einzelne Kategorie der Unsicherheit mit einer bestimmten **Kausalität der einzusetzenden Handlungsmaßnahmen**.

Im Folgenden wird als spezielles Problem der Bau von Systemen betrachtet.

Letztendlich geht es bei Snowden um die Vorhersage einer **Reaktion eines Systems auf einen Stimulus, also um die Beziehung zwischen Ursache und Wirkung**. Basierend auf einer Bewertung der Unsicherheit werden **Handlungsmuster** für die verschiedenen Kategorien der Unsicherheit vorgeschlagen und damit Empfehlungen für die Arbeitsweise gegeben.

---

[1] Mit einem empirischem Vorgehen ist gemeint, dass das Vorgehen im Projekt nicht auf einem theoretischen Modell beruht, sondern sich auf die im Projekt erhobenen Daten, Befragungen und Erfahrungen stützt.

Das folgende Bild zeigt das Cynefin-Modell:

Bild 1-2 Cynefin-Modell von Snowden mit Handlungsmaßnahmen[2]

Das Cynefin-Framework unterscheidet also zunächst wie auch Stacey die folgenden vier Kategorien von Systemen:

- einfache[3] Systeme,
- komplizierte Systeme,
- komplexe Systeme und
- chaotische Systeme.

Darüber hinaus gibt es aber auch Systeme, bei denen man nicht weiß, wo man steht (engl. disorder), weil man noch keine Analyse durchgeführt hat. Dies stellt die fünfte Kategorie[4] von Snowden dar.

Vorstellung der fünf Kategorien:

- **Simple (einfache, offensichtliche Systeme)**

  Die Elemente einfacher Systeme sind geordnet. Die Kausalität ist gegeben. Dies bedeutet, dass jeder Ursache sofort eine entsprechende Wirkung streng zugeordnet werden kann.

  > Bei **einfachen** oder **offensichtlichen** Systemen ist die **Korrelation zwischen Ursache und Wirkung erkennbar deterministisch**, sodass zu einer gegebenen Problemstellung in deterministischer Weise die Lösung ermittelt werden kann.

---

2   Die Erklärung der Abkürzungen für die Handlungsmaßnahmen erfolgt im Text.
3   Einfache Systeme werden inzwischen "offensichtliche Systeme" genannt.
4   Diese Kategorie trägt den Namen ungeordnet (engl. disorder).

Dies bedeutet, dass bewährte Praktiken (engl. best practices) eingesetzt werden können, da alles streng kausal ist. Nach der Kategorisierung eines Problems kann die entsprechende Standardmethode blind angewandt werden.

Das Cynefin-Framework empfiehlt: "Beobachten – Kategorisieren – Reagieren" (engl. "sense – categorize – respond, abgekürzt in Bild 1-2 durch S-C-R).

- **Complicated (komplizierte Systeme)**

Im Prinzip sind komplizierte Systeme ebenso wie die offensichtlichen Systeme geordnet. Allerdings sind die **Beziehungen zwischen Ursache und Wirkung** der verschiedenen Elemente so **verwickelt,** dass man ein **spezielles Fachwissen** und auch **Aufwand** braucht, um diese Beziehungen zu erkennen.

Das Cynefin-Modell sieht für den Einsatz im komplizierten Bereich "good practices" vor. Dies ist so zu verstehen, dass man zwar bekannte Praktiken anwenden kann, für den Anfang beispielsweise die "best practices", die man aus der einfachen Domäne bereits kennt, aber sie funktionieren nur noch gut.

Entsprechend ist das Handlungsmuster "Beobachten – Analysieren – Reagieren" (engl. "sense – analyze – respond", abgekürzt in Bild 1-2 durch S-A-R).

- **Complex (komplexe Systeme)**

Komplexe Systeme sind ungeordnet.

Wie die Wirkung einer Ursache ist, lässt sich bei komplexen Systemen nicht voraussagen. Hier kann eine **Beziehung zwischen Ursache und Wirkung erst im Rückblick** erkannt werden, jedoch nicht im Voraus.

Dies basiert auf der Annahme, dass ein komplexes System kausale, reproduzierbare Antworten gibt, an denen man sein Handeln ausrichten kann.

Es kann zwar mit einer erprobten Methode begonnen werden, man muss sich aber darauf einstellen, dass man eine Methode experimentell anpassen muss, d. h., dass die angepasste Methode erst entsteht und damit auch erst sichtbar wird. Man spricht hier auch von Emergenz (engl. emergence).

In einer **komplexen Domäne**, die sich durch eine lose Kopplung zwischen actio und reactio auszeichnet, muss mit **ausreichenden Freiheitsgraden** geplant werden, damit das System nicht seine Fähigkeit zur Adaptivität verliert.

In der komplexen Domäne lautet das vom Cynefin-Framework empfohlene Handlungsmuster: "Probieren – Beobachten – Reagieren" (engl. "probe – sense – respond", abgekürzt in Bild 1-2 durch P-S-R).

- **Chaotic (chaotische Systeme)**

Chaotische Systeme verhalten sich nicht kausal, sondern **stochastisch**. Da das System ständig im Wandel ist, kann zu unterschiedlichen Zeitpunkten auf dieselbe Eingabe eine andere Antwort erfolgen.

Es gibt also keinen deterministischen Zusammenhang zwischen Ursache und Wirkung. Ein Zusammenhang ist auch im Nachhinein nicht zu finden. In der chaotischen Domäne, in der sich beispielsweise Forschung abspielt, müssen ganz neue Methoden entwickelt werden, um einem Problem Herr zu werden. Aktionen haben auf Grund der vollständigen Entkopplung zwischen actio und reactio eine unvorhersehbare Auswirkung.

Da das System sich **nicht deterministisch** verhält, lautet das vom Cynefin-Framework empfohlene Handlungsmuster: "Handeln – Beobachten – Reagieren" (engl. "act – sense – respond", abgekürzt in Bild 1-2 durch A-S-R).

- **Disorder (ungeordnete Systeme)**

Ungeordnete Systeme sind in einem Zustand des Nichtwissens, in welcher der vier anderen Domänen man sich befindet.

Man hat hierbei noch nicht untersucht, welcher Grad der Komplexität vorliegt. Da **unklar** ist, **welche Art von System vorliegt**, kann bei der Entscheidungsfindung die aktuell vorliegende Situation nicht berücksichtigt werden.

Das Cynefin-Modell bietet auch eine Erklärung dafür, was passiert, wenn die falsche Arbeitsweise auf ein Problem angewendet wird.

Werden Methoden, die sich für einen höheren Komplexitätsgrad eignen, auf eine von der Komplexität her einfachere Domäne angewendet, so funktionieren diese Methoden auch dort. Allerdings besteht die Gefahr, dass diese Methoden dort weniger effizient sind. Beispiele hierfür sind unnötige Iterationen und unnötig kurze Feedbackzyklen.

Versucht man es umgekehrt, so läuft man Gefahr, dass eine solche Methode für komplexere Problemstellungen zu wenig Freiheitsgrade bietet und dass das betrachtete System seine Fähigkeit zur Anpassung, d. h. die Adaptivität, bei Verwendung einer nicht geeigneten Methode verliert. Entwickelt man ein System mit einer falschen Methode, so geht das System dann häufig in einen instabilen Zustand über und endet in letzter Konsequenz im Chaos.

Zusammenfassend lässt sich sagen, dass bei bestimmter Komplexität eine Vorgehensweise anzuraten ist, die einem komplexen Problem auch gerecht wird. Dies geht zwar mit der Gefahr einher, etwas an Effizienz einzubüßen, sollte das Problem doch weniger komplex sein, als vermutet. Gleichzeitig stellt dies aber die Wirksamkeit der ganzen Vorgehensweise für komplexe Systeme sicher. Dies bedeutet, dass ebenfalls empfohlen wird, die Einschränkungen der Freiheitsgrade des Systems möglichst gering zu halten und sich auf eine verändernde Arbeitsweise einzustellen, um die **Adaptivität des Systems** zu **maximieren**. Beispielsweise können Prozessvorgaben (Stichwort Standardisierung) ein System so einschränken, dass es seine Adaptivität verliert.

Eine geeignete **Vorgehensweise** bei einem hohen Grad **an Komplexität** ist das **Prinzip der empirischen Prozesskontrolle** in Verbindung mit dem **Prinzip der Selbstorganisation.**

Diese beiden Prinzipien werden in den folgenden Kapiteln 1.2 und 1.3 erklärt.

1.2 Empirische Prozesskontrolle nach Deming

Bei unscharfem Wissen ist es erforderlich, die Auswirkungen seines Handelns regelmäßig zu überprüfen.

Beim Militär erfolgt dies durch einen täglichen Führungszyklus. Auf Grund der Lagefeststellung erfolgt eine neue Planung. In anderen Worten, die Planung wird an die aktuelle Lage angepasst. Der Planung folgt die Befehlsgebung und in der Kontrolle wird jeweils der akuelle Status eines Teilaspekts sondiert, der verdichtet erneut in die Lagefeststellung eingeht.

Eine solche hohe **Adaptivität** ist auch bei Scrum zu sehen. Im **Daily Scrum-Zyklus** beispielsweise erfolgt täglich eine Kontrolle, Lagefeststellung, Planung und Arbeitszuweisung. Genauso gibt es auch beim **Sprint-Zyklus** von Scrum einen vollständigen Führungszyklus. Der große Unterschied zum Militär ist jedoch, dass es bei Scrum keine militärische Kommandostruktur gibt, sondern dass der sogenannte Führungszyklus im Rahmen der Selbstorganisation des Scrum Teams[5] erfolgt.

Bei Scrum wird stets der **"PDCA-Zyklus"** von Deming, der sogenannte **"Demingkreis"**, angeführt. Dieser ist ein ziviles Pendant zu einem militärischen Führungszyklus. Der "PDCA-Zyklus" umfasst die Phasen:

- Plan (1),
- Do (2),
- Check (3) und
- Act (4).

Bei Act[6] werden die Ergebnisse ausgerollt und dargestellt, um als Input für die Neuplanung zu dienen.

Der Demingkreis ähnelt dem Führungszyklus bei Bundeswehr, THW und Feuerwehr:

- Planung (1),
- Befehlsgebung (2),

---

[5] Beim Daily Scrum beispielsweise kann das Management zwar als Zuhörer kommen, aber hat kein Rederecht, da das Scrum Team sich selbst organisiert.
[6] Act ist das Bereitstellen von Erkenntnissen. Das bedeutet im PDCA-Zyklus Sprint, dass man die Erkenntnisse aus Review Meeting und Sprint Retrospektive in die Planung einbringt.

- Kontrolle (3) und
- Lagefeststellung (4).

Beim PDCA-Zyklus ist die Strategie genau dieselbe wie bei einem militärischen Führungszyklus, nämlich ein **adaptives Handeln**.

Letztendlich macht das Konzept des ständigen Anpassens den Erfolg von Scrum aus. Man reagiert auf die **empirisch festgestellten Fakten** und **passt** die Strategie neu **an**.

Beim **Sprint-Zyklus von Scrum** zur Entwicklung eines Produkts gilt beispielsweise:

P: Die Planung erfolgt auf der Basis von **A** im sogenannten Sprint Planning Meeting. Hier fließen beispielsweise die Erkenntnisse aus der Sprint Retrospektive ein ("Create a plan for implementing improvements to the way the Scrum Team does its work")

D: Der Product Backlog wird gemäß der Planung überarbeitet. Die vom Entwicklungsteam in der Planung ausgewählten Product Backlog Items (Anforderungen des Kunden) werden lauffähig implementiert.[7]

C: Im **Sprint Review Meeting** wird das Erreichen der angestrebten Ziele für das lauffähige Produkt überprüft. In der **Sprint Retrospektive** wird betrachtet, wo man steht, wobei Verbesserungsmöglichkeiten für die Arbeitsweise und den Prozess identifiziert werden ("Inspect how the last Sprint went with regards to people, relationships, process and tools").

A: Act ist das Bereitstellen von Erkenntnissen. Das bedeutet im PDCA-Zyklus Sprint, dass man die Erkenntnisse aus **Review Meeting** und **Sprint Retrospektive** ("Identify and order the major items that went well and potential improvements") für die Planung vorbereitet.

1.3 Adaptivität durch Selbstorganisation

Das Vorhandensein von Adaptivität bei nicht stabilem Wissen erfordert die Selbstorganisation einer Mannschaft, bei der sich ein jeder täglich anpassen muss. Ein solches Anpassen kann gar nicht verordnet werden. Jeder muss sich stets selbst neu justieren. Hierzu bedarf es einer **Autonomie**. Durch eine hervorragende Kommunikation im Team muss jeder Projektmitarbeiter in der Lage sein, sich neu zu orientieren.

Eine Mannschaft kann aber erst dann funktionieren, wenn sie sich gefunden hat. Aus diesem Grund wird in Kapitel 1.3.1 auf den **Prozess der Teambildung** nach **Tuckman** eingegangen. Kapitel 1.3.2 zeigt, dass bei agilen Ansätzen eine hohe intrinsische Motivation zu erwarten ist, die für das Bewältigen von unsicheren Situationen auf Grund des vorhandenen Schwierigkeitsgrades aber auch dringend

---

[7] Streng genommen erfolgt die Überarbeitung des Product Backlog bei Scrum kontinuierlich und genügt keinem PDCA-Zyklus, obwohl es im PDCA-Zyklus eines Sprints bestimmte Fixpunkte gibt, wo sich das Product Backlog meistens ändert (nach dem Sprint Review und nach dem Sprint Planning).

erforderlich ist. Ein ganz entscheidender Grund für die hohe **intrinsische Motivation** in agilen Projekten ist der hohe Grad der **Selbstbestimmung** der einzelnen Entwickler, der zu einer hohen Motivation und der Bereitschaft der Anpassung führt. Kapitel 1.3.3 beschreibt verschiedene Formen der Delegation.

1.3.1 Teamentwicklung nach Tuckman

Tuckman definierte 1965 vier Phasen der Teambildung in einem Projekt. Er analysierte, wie sich das zwischenmenschliche Verhalten und der Arbeitsfortschritt entwickelt. Die 4 Phasen der Teambildung nannte er:

- "forming",
- "storming",
- "norming" und
- "performing".

Beschreibung dieser Phasen:

- Phase 1 – forming:

  – zwischenmenschliches Verhalten

  In dieser Phase herrscht Unsicherheit im Umgang miteinander. Das Verhalten der Teammitglieder ist von Höflichkeit und formellem Verhalten geprägt. Die Gruppenmitglieder "beschnuppern" sich und prüfen, wie die anderen arbeiten. Sie testen relativ zurückhaltend ihre Grenzen aus, um herauszufinden, wie weit sie gehen können. Jedes Teammitglied sucht seine Rolle und Position im Team. Orientierung vermittelt ihnen der Gruppenleiter, mächtige Teammitglieder oder vorhandene Normen.

  – Arbeitsfortschritt

  Die Gruppenmitglieder analysieren den Arbeitsauftrag und bestimmen die benötigten Informationen und woher sie diese erhalten können. In dieser Phase sind keine bahnbrechenden Neuerungen zu erwarten. Alle sind noch vorsichtig. Konflikte werden vermieden.

- **Phase 2 – storming**

  – zwischenmenschliches Verhalten

  Die Gruppenmitglieder agieren selbstbewusster miteinander und verfolgen ihre eigenen Interessen. Es ist eine Zeit der Machtkämpfe.

  – Arbeitsfortschritt

  Für die Arbeit ist es nicht gerade förderlich, wenn emotionale Rangkämpfe ablaufen. Es besteht die Gefahr, dass das Team in dieser Phase stagniert. Begleitendes Coaching trägt dazu bei, diese Phase zu überwinden. Der Coach kann beispielsweise helfen, die gegenseitigen Erwartungen im Team abzuklären. Er kann in der Teambildung positiv vermitteln und helfen, durch Konflikte zu navigieren. Wichtig ist in dieser Phase, dass der Coach das Team unterstützt, andere Personen zu verstehen, damit mit der Zeit ein gegenseitiges Vertrauen entstehen kann.

- **Phase 3 – norming**

  - zwischenmenschliches Verhalten

    Die Gruppenmitglieder akzeptieren die Gruppe und die Eigenheiten der anderen. Sie verständigen sich auf die Spielregeln der Zusammenarbeit. Kompromisse sind möglich.

  - Arbeitsfortschritt

    Die Gruppenmitglieder besprechen sich gemeinsam und tauschen Fakten aus. Nach dieser Phase ist das Team in einem guten Zustand. Die Performance steigt.

- **Phase 4 – performing**

  - zwischenmenschliches Verhalten

    Die Gruppe ist perfekt eingespielt und arbeitet sehr produktiv und konstruktiv miteinander. Gemeinsam wird ein Ziel verfolgt und jeder schätzt die Arbeit des anderen.

  - Arbeitsfortschritt

    Durch den gegenseitigen Austausch des Wissens werden gute Lösungen geschaffen.

Die Schritte im Modell von Tuckmann müssen nicht zwangsläufig sequentiell ablaufen. Änderungen der Zusammensetzung und Eingriffe von außen werfen ein Team in den Phasen zurück. Zu diesen vier Phasen der Teambildung fügte Tuckman 1977 eine fünfte Phase für die Projektauflösung hinzu.

1.3.2 Intrinsische Motivation bei agilen Ansätzen

Ehe auf die besondere intrinsische Motivation durch agile Ansätze eingegangen wird, sollen die Gegenpole intrinsische und extrinsische Motivation kurz erläutert werden.

Eine **intrinsische Motivation** liegt vor, wenn das Durchführen einer Arbeit eine Erfüllung für den Bearbeiter darstellt.

Ein solcher Mitarbeiter arbeitet aus eigenem Antrieb, da ihm die Arbeit eine persönliche Befriedigung seiner Wünsche bedeutet. Er sieht seine Arbeit beispielsweise als interessant, wichtig, herausfordernd oder sozial relevant an. Ein solcher Mitarbeiter kann als **"Selbstläufer"** bezeichnet werden.

Erreichen kann man eine intrinsische Motivation beispielsweise durch eine wesentliche Mitwirkung des Mitarbeiters an Entscheidungsprozessen, durch **flache Hierarchien** oder durch **Übertragung von Verantwortung** an Mitarbeiter, also durch **Selbstbestimmung**. Daniel Pink führt in seinem Buch "Drive: The Surprising Truth About What Motivates Us" [Pin11] drei Ursachen für intrinsische Motivation auf:

- **Autonomie**: Ein Mensch arbeitet nicht gerne fremdbestimmt, sondern selbstbestimmt.
- **Meisterschaft**: Eine Tätigkeit sehr gut zu beherrschen und immer besser zu machen, verschafft ein Glücksgefühl.
- **Zweck**[8]: Wenn das Tun einen tieferen Sinn hat, verschafft das eine Befriedigung. Das kann im Kleinen die Harmonie im Team sein oder die Kundenzufriedenheit, im Großen beispielsweise die Mitarbeit in einer Open Group.

Bei **extrinsischer Motivation** wird ein Mitarbeiter durch ein Belohnungssystem stimuliert.

Die Fertigstellung einer Arbeit ist wichtiger als die eigentliche Durchführung der Arbeit, um positive Effekte für die Firma zu erzielen oder negative Effekte zu vermeiden. Ein Anreiz kann materiell oder durch soziale Anerkennung im persönlichen Umfeld erfolgen. Die Wirkung extrinsischer Anreize nimmt mit der Zeit deutlich ab. Die Anreize müssen erneuert oder durch andere extrinsische Anreize abgelöst werden. Nach Pink funktionieren Belohnungen nur für einfache, mechanische Tätigkeiten, nicht aber für Wissensarbeiter[9]. Versucht man, intrinsische Motivation durch extrinsische Anreize noch zu erhöhen, so kann man das Gegenteil erreichen: die intrinsische Motivation wird ins Wanken gebracht, da das Gefühl der Selbstbestimmung zerstört wird.

Zur **Selbstbestimmung** schreibt das Agile Manifest im Jahre 2001 (siehe auch Kapitel 3.4.1) beispielsweise:

"Die besten Architekturen, Anforderungen und Entwürfe entstehen durch selbstorganisierte Teams" oder "Errichte Projekte rund um motivierte Individuen. Gib ihnen das Umfeld und die Unterstützung, die sie benötigen und vertraue darauf, dass sie die Aufgabe erledigen."

Zur **Meisterschaft** schreibt das Agile Manifest:

"Ständiges Augenmerk auf technische Exzellenz und gutes Design fördert Agilität".

Scrum zum Beispiel setzt auf selbst organisierte Entwicklungsteams. Ein Entwicklungsteam bekommt nur vorgegeben, welche Funktionalität als Ziel durch den nächsten Sprint umgesetzt werden soll. Wie viele Backlog Items[10] umgesetzt werden, bestimmt das Entwicklungsteam selbst, ebenso die Art und Weise, wie es die Leistung erbringt.

---

8   Anmerkung: Das Wort "Sinnhaftigkeit" wäre besser.
9   Anmerkung: Das kann man so sehen oder auch nicht. Ein Wissensarbeiter, der gerade ein Haus baut, ist durchaus für extrinsische Belohnungen empfänglich.
10 Backlog Items beschreiben die Anforderungen an ein System.

Bei Scrum gibt es verschiedene Stellen, an denen der **Zweck** offenbart wird. So ist der Product Owner aufgefordert, zu Beginn eines Projektes zusammen mit dem Kunden eine aussagekräftige Produktvision zu entwickeln. Ferner gibt der Product Owner für jeden Sprint ein Ziel vor.

1.3.3 Selbstorganisation durch Delegation

Ein funktionierendes Team nach Tuckman nützt nichts, wenn es nicht autonom entscheiden kann. In so einem Fall können Teammitglieder nicht auf neues Wissen und Veränderungen reagieren. Die Gefahr steigt, dass für den Kunden ein falsches System entwickelt wird.

Das Übertragen von Verantwortung durch Delegation ist somit eine wichtige Kompetenz, die für Selbstorganisation (Selbstbestimmung) erforderlich ist."

Es gibt verschiedene Stufen zwischen einer Steuerung des Chefs durch Anweisungen und einer Voll-Delegation. Einem Mitarbeiter kann schrittweise ein höheres Maß an Selbstbestimmung gewährt werden. In welchem Ausmaße delegiert wird, hängt von der jeweiligen Situation ab. Delegation kann die Mitarbeiter auch durchaus überfordern. Man kann auch auf Zeit delegieren.

Nach J. Appelo [jurapp] kann man sieben Grade der Delegation[11] unterscheiden:

1. Chef entscheidet alleine. (**"Verkünden"** oder **"Anweisen"**)).
   Es wird durch den Chef für andere – die Mitarbeiter – entschieden, dabei gibt es keine Diskussionen des Chefs mit den Mitarbeitern.

2. Chef vermittelt Entscheidung. (**"Verkaufen"**).
   Der Chef entscheidet. Er versucht dabei zu überzeugen. Es gibt Raum für Klärungsfragen. Dennoch wird eine Entscheidung für andere getroffen. Der Chef versucht die Mitarbeiter jedoch durch entsprechende Argumentation zu überzeugen. Die anderen sollen in die Entscheidung des Chefs eingebunden werden.

3. Der Chef fragt vor seiner Entscheidung um Rat. (**"Befragen"** oder **"Konsultieren"**).
   Der Chef holt Meinungen der Mitarbeiter ein, zieht sie in Betracht und entscheidet dann selbst unter Berücksichtigung der Meinungen der Mitarbeiter.

4. Der Chef und die Mitarbeiter finden einen Konsens. (**"Einigen"**).
   Die Entscheidung wird gemeinsam getroffen. Die Hierarchie spielt hier keine Rolle.

5. Der Chef berät, die Mitarbeiter entscheiden. (**"Beraten"**)
   Der Chef berät und macht einen Vorschlag. Er lässt die Mitarbeiter dann aber entscheiden.

6. Der Chef erkundigt sich nach der Entscheidung bzw. er wird informiert. (**"Erkundigen"**)
   Es entscheiden also die Mitarbeiter und der Chef lässt sich anschließend von der Richtigkeit der Entscheidung überzeugen.

---

[11]   Es gibt beispielsweise auch Modelle mit 4 oder 5 Ebenen.

7. Der Chef delegiert vollständig. (**"Delegieren"**).
   Die Entscheidung obliegt den Mitarbeitern. Der Chef muss über Details nicht informiert werden.

Dieses Delegationsmodell ist symmetrisch. Es funktioniert in beiden Richtungen.
Stufe 2 ist ähnlich zu Stufe 6. In beiden Fällen muss überzeugt werden. Stufe 3 ist
das Gegenteil von Stufe 5. Bei Stufe 3 lässt sich der Chef vor seiner Entscheidung
durch die Mitarbeiter beraten, bei Stufe 5 werden die Mitarbeiter vor ihrer
Entscheidung durch den Chef beraten. Ab der Stufe 4 wächst das Vertrauen des
Chefs in die Mitarbeiter deutlich.

Das folgende Bild zeigt oben rechts hohe Reifegrade nach Tuckman und einen
hohen Grad an Selbstmanagement bzw. Delegation:

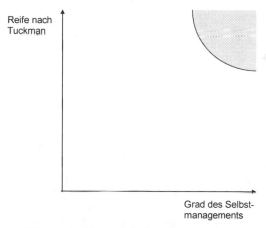

Bild 1-3 Reife und Selbstmanagement

Ziel ist es, eine hohe Reife nach Tuckman und ein hohen Grad an Selbstmanagement zu erreichen.

1.3.4 Kritische Reflexion der Selbstorganisation

Man kann sich die Frage stellen, ob autonom handelnde Teams eine Organisation
nicht ins Chaos stürzen und ob tatsächlich auf Kontrolle verzichtet werden kann.

Bei der Anwendung von agilen Methoden ist es wichtig, dass sich die **Ausrichtung
der Projektmitarbeiter** an **Zielen** orientiert. Hierbei sind aber nicht individuelle Ziele
gemeint. Es geht vielmehr um die **Produktvision**, die klar vermittelt werden muss,
damit keiner gegen das Projekt arbeitet und autonom in die falsche Richtung läuft.
Übergeordnet ist auch die **Unternehmensvision** wichtig. Diese Vision vermittelt den
Zweck nach Pink.

Das Ganze funktioniert nur, wenn gewisse Werte wie Offenheit und Vertrauen gelebt
werden. Dies ist auch das Ziel von Scrum. Ferner ist eine gute Fehlerkultur erforderlich. Damit ein Team selbständig lernen kann, muss man es auch mal Fehler
machen lassen, so wie man ein Kind auch mal die noch warme Herdplatte anfassen

lässt, damit es nicht eine heiße Herdplatte berührt. Greift man stets ein, so wird das Team nie selbständig.

1.4 Das Konzept des letzten vernünftigen Moments

Bei der Verwendung von agilen Methoden werden Entscheidungen grundsätzlich so spät wie möglich getroffen.

Die Begründung ist, dass Entscheidungen nicht aus Unwissen getroffen werden dürfen, da sie dann schlicht falsch gefällt werden. Entscheidungen sind also zu verschieben. Die Frage ist dann sofort: Bis zu welchem Zeitpunkt?

Entscheidungen müssen **explizit** gefällt werden. Trifft man allerdings Entscheidungen nicht explizit, so können diese zum einen in impliziter Weise von bestimmten Personen einfach angenommen werden. Zum anderen können Unsicherheiten dazu führen, dass die gemeinsame Arbeit leidet.

Die hohe Kunst ist es also, den richtigen Zeitpunkt für eine Entscheidung wie etwa eine Architektur zu finden. Hier kann das agile **Konzept des letzten vernünftigen Moments** (engl. **Last Responsible Moment**, abgekürzt LRM) weiterhelfen. Dieses Prinzip stammt von Poppendieck [Pop03] aus der Lean-Bewegung.

Nach diesem Prinzip werden Entscheidungen so spät wie möglich getroffen. Damit sollen mehr Erkenntnisse vorliegen und eine bessere Entscheidung getroffen werden. Gleichzeitig wird definiert, bis wann die Entscheidung vorliegen muss: "the last responsible moment". Wird dieser Zeitpunkt verpasst, so überwiegen negative Auswirkungen. Man ist sich aber bewusst, dass Entscheidungen anfallen und bereitet sich darauf vor. In "Lean Software Development: An Agile Toolkit" beschreiben Mary und Tom Poppendieck "den letzten verantwortlichen Moment", um Entscheidungen zu fällen, folgendermaßen:

"Concurrent development makes it possible to delay commitment until the last responsible moment, that is, the moment at which failing to make a decision eliminates an important alternative."

Man muss sich Optionen und Alternativen klarmachen. Droht man diese durch ein nicht Entscheiden zu verlieren, ist der Zeitpunkt für eine bewusste Entscheidung gekommen.

Wenn Optionen wegzufallen drohen, weil man sich nicht entscheidet, ist eine Entscheidung allerspätestens fällig.

In einem Blog schreibt hierzu Rebecca Wirfs–Brock [wbaama], dass sie den Begriff **"verantwortlichsten Moment!"** vorzieht. Man kann es aber drehen und wenden, wie man möchte, den letzten oder den verantwortlichsten Termin zu erkennen, kann gar nicht so einfach sein. Es erfordert auf jeden Fall Erfahrung.

Kapitel 2

Verständlichkeit durch geteilte Abstraktionen

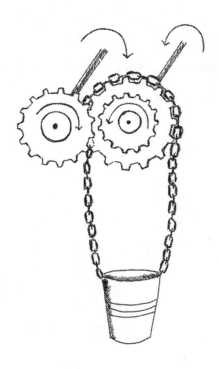

2 Verständlichkeit durch geteilte Abstraktionen

Dieses Kapitel ist ein rein technisches Kapitel. Es befasst sich mit dem Know-how der Entwickler für das Erstellen erfolgreicher Abstraktionen und betrachtet hierbei Erkenntnisse des klassischen Software Engineering, die im agilen Umfeld von Nutzen sein können. Häufig werden Elemente aus der spezifikationsorientierten und der agilen Entwicklung individuell kombiniert. Somit kann es vorkommen, dass ein agiles Team beispielsweise Anwendungsfälle statt User Stories[12] verwendet.

Programmcode ist fein und versteckt die "wahren" Absichten eines Programmierers. Um eine klare Sprache zu sprechen, muss man abstrakt Begriffe einordnen und in Modellvorstellungen reden können. Selbst wenn man den Quellcode über alles liebt, benötigt man Abstraktionen – also Begriffe und vereinfachende Modelle – um sich den Kollegen und den Kunden gegenüber verständlich zu machen.

Wichtige **Abstraktionen** bzw. deren Voraussetzungen werden im Folgenden diskutiert:

- **Problembereich und Lösungsbereich**

  In Kapitel 2.1 wird die Dualität der Begriffe Problembereich/Lösungsbereich betrachtet, da sich ein Entwickler nicht nur im Lösungsbereich, sondern auch im Problembereich auskennen muss, um den Kunden zu verstehen. Hierbei sind beide Bereiche klar voneinander abzugrenzen, um Fehler im Denken zu vermeiden. Ein Entwickler sollte stets sagen, ob er sich mit seinen Überlegungen und Modellen gerade im Problembereich oder im Lösungsbereich befindet, damit seine Aussagen korrekt gedeutet werden können.

  Direkt in den Lösungsbereich zu wechseln, ist ein limitierendes Denken. Es soll zuerst im Problembereich divergierend analysiert werden, was von der Anwendung her alles gut sein könnte. Hierbei sind diverse Alternativen möglich. Dann erst darf das konvergierende Denken im Lösungsbereich erfolgen, das die beste technische Lösung herausarbeitet.

- **Spezifikation als Abstraktion einer Anwendungsfunktion**

  Die Dualität der Leistungen Spezifikation/benutzbare Anwendungsfunktion wird in Kapitel 2.2 behandelt. Zu jeder Anwendungsfunktion gehört irgendeine Art von **Spezifikation als Abstraktion**. Man sollte nie ins Blaue hinein programmieren, ohne vorher seine Absicht im Projekt **high-level** vorzustellen und für seine Ideen ein **shared understanding** im Projekt zu gewinnen. "Vom Hirn ins Terminal" hat man um 1960 noch praktiziert. Diese Zeiten sollten längst vorbei sein. Was die Ausprägung einer Spezifikation ist, kann anwendungsorientiert und agil grundlegend verschieden sein. Das sei jetzt dahingestellt. Aber ohne **geteilte Abstraktionen** verliert ein Projekt seine Ziele.

---

[12] User Stories wurden von Kent Beck bei Extreme Programming vorgeschlagen, sind aber bei den sonstigen agilen Ansätzen nicht verbindlich.

- **Abläufe spezifikationsorientiert**

  Die Dualität der Leistungen Anwendungsfall/Szenario der spezifikationsorientierten Welt wird in Kapitel 2.3 betrachtet, da sie den Unterschied zwischen vollständigem Wissen und Teilwissen beim Ablauf eines Anwendungsfalls widerspiegelt. Auch ein agiler Entwickler muss wissen, dass er sich einer vollständigen Lösung nur annähern kann. Wie schon erwähnt, werden Anwendungsfälle wegen ihrer Klarheit auch in der agilen Welt verwendet. Das Verwenden von User Stories ist nur bei Extreme Programming Pflicht.

- **Funktionalität und Architektur mit Freiheitsgraden**

  Auf die Dualität von Funktionalität und Architektur wird in Kapitel 2.4 eingegangen. Diese Dualität stellt für jedes zu bauende System den eigentlichen Knackpunkt dar. Die gewählten Funktionen sollen dergestalt im Rahmen der gewählten Architektur ablaufen, dass auch weitere "vernünftige" Funktionen in den Rahmen dieser Architektur passen und gegebenenfalls Funktionsänderungen möglich sind. Die **Architektur** ist ein **Modell für die Struktur und den Ablauf von Funktionen.** Ändert man die Architektur, so kann dies Einfluss auf die Funktionen haben. Ändert man die Funktionen, so kann die seitherige Architektur obsolet werden.

  Bei **agilen Verfahren** ist eine **Änderbarkeit** von Funktionen und Architektur **Voraussetzung für den Erfolg.**

- **Sichten auf Funktionen in Analyse und Entwurf**

  Die jeweils bei Analyse bzw. Entwurf im Zentrum des Interesses stehenden Kategorien von Funktionsklassen werden in Kapitel 2.5 analysiert.

  Es sollte stets klar sein, ob man gerade analysiert oder entwirft, da je nachdem die Behandlung anderer Funktionsklassen erwartet wird. Analyse und Entwurf dürfen auch bei einer agilen Vorgehensweise nicht "durcheinandergewürfelt" werden. Dies hilft, unnötige Verwirrungen zu vermeiden.

- **Anwendungsfälle versus User Stories**

  Kapitel 2.6 befasst sich mit der spezifikationsorientierten Beschreibung der Abläufe von Anwendungsfällen, mit der agilen Beschreibung von Abläufen einer Funktion mit Hilfe von User Stories und dem Unterschied zwischen Anwendungsfällen und User Stories. Auch wenn man agil entwickelt, sollte die spezifikationsorientierte Welt nicht unbekannt sein.

- **Ausprägungen der Entwicklungsschritte**

  Die Entwicklungsschritte für ein spezifikationsorientiertes bzw. agiles Vorgehen werden in Kapitel 2.7 analysiert, da es hierbei durchaus Unterschiede gibt, obwohl in beiden Fällen Anforderungen erstellt, analysiert, entworfen, programmiert und getestet werden. Der Unterschiede muss man sich jedoch bewusst sein!

2.1 Divergenz im Problembereich und Konvergenz im Lösungsbereich

Wie schon gesagt, ist es ein limitierendes Denken, direkt in den Lösungsbereich zu wechseln. Es soll zuerst im Problembereich divergierend analysiert werden, was von der Anwendung her alles gut sein könnte. Hierbei sind diverse Alternativen möglich. Dann erst darf das konvergierende Denken im Lösungsbereich erfolgen, das die beste technische Lösung herausarbeitet.

Problembereich

Software schwebt nicht im freien Raum. Software wird geschrieben, um die Probleme eines Anwenders zu lösen. Ehe man loslegt zu programmieren, sollte man also wissen, was programmiert werden soll.[13,14] Entweder gibt es schon mehr oder weniger genaue Forderungen, die noch zu schärfen sind, oder aber diese Forderungen sind erst zu ermitteln.[15] Forderungen sind im Wesentlichen funktional und betreffen dann die **Verarbeitung** der Geschäftsprozesse des Problembereichs. Dabei ist der **Problembereich (Problem Domain)** derjenige Ausschnitt der realen Welt, der durch Software zu unterstützen ist.

Um die Vorstellungen des Kunden zu erfüllen, ist es bei nicht trivialen Aufgabenstellungen notwendig, den Problembereich zu betrachten und (in Teilen) zu modellieren bzw. durch eine einfache Beschreibung zu erfassen. Die Verarbeitung der Geschäftsprozesse des Problembereichs wird im Rahmen der **Analyse** aus logischer und nicht aus Implementierungssicht analysiert und modelliert. Dies geschieht, damit das Wissen über den Problembereich in abstrakter Form erfasst wird. Ein Programmierer darf also nicht nur in der Welt der Konstruktion eines Programms, dem sogenannten Lösungsbereich[16], denken, sondern er muss stets auch den Problembereich kennen, damit das Ziel des Projekts nicht verfehlt wird. Er muss die Dualität Problembereich/Lösungsbereich virtuos beherrschen.

Der sogenannte **Problembereich** oder **Problem Domain** entspricht dem Ausschnitt der realen Welt, der später durch die zu realisierende Software abgedeckt werden soll. Der Problembereich wird aber nur aus einer logischen, idealen Sicht betrachtet. Man führt hierbei eine **Analyse des Problembereichs** durch und modelliert die **Verarbeitungsschritte der Geschäftsprozesse** ohne die Betrachtung technischer Funktionen wie beispielsweise einer persistenten Datenhaltungsfunktion oder einer grafischen Ausgabe.

Ein technisches System gibt es im Problembereich noch nicht. Technische Funktionen wie eine persistente Datenhaltungsfunktion oder eine grafische Ausgabe gibt es **normalerweise** erst ab dem Entwurf, also im sogenannten Lösungsbereich.

Die Betrachtung des Problembereichs ist absolut erforderlich, um den Kunden zu verstehen. Dies ist vollkommen unabhängig davon, welches Vorgehensmodell für die Software-Entwicklung gewählt wird. Der Problembereich ist sowohl bei spezifikations-

---

[13] Dies wurde in der agilen Entwicklung in der Praxis zunächst unterschätzt. Autoren wie Eric Evans [Eva03] oder Jeff Patton [Pat14] betonen die Bedeutung des Problembereichs für agile Projekte.

[14] Bei einem spezifikationsorientierten Vorgehen ist das Studium des Problembereichs unumgänglich. Aber auch bei einem agilen Vorgehen braucht man eine Vision des zukünftigen Systems, insbesondere, welche Zielgruppe und welche Probleme unterstützt werden sollen, damit sich ein jeder zurecht findet und nicht am Ziel des Projekts vorbeiprogrammiert.

[15] Besonders wichtig ist bei agilen Verfahren eine mit dem Kunden abgestimmte Version des zukünftigen Systems.

[16] Der Lösungsbereich umfasst entwerfen, implementieren, testen und integrieren.

orientierten[17], als auch bei agilen[18] Methoden zu betrachten. So orientiert sich das Domain-Driven Design von Eric Evans [Eva03] an der agilen Softwareentwicklung und betont dennoch die Notwendigkeit des Studiums des Problembereichs, ehe programmiert wird. Auch wenn man bereits programmiert, muss man stets bereit sein, iterativ zu arbeiten und sich bei Fehlern oder Änderungen erneut mit dem Problembereich zu befassen. Erwartet wird, dass Entwickler und Fachexperten stets eng zusammenarbeiten.

Der größte Unterschied bei der agilen Entwicklung ist, dass man den Problembereich nur an derjenigen Stelle genauer anschaut, die vor ihrer Programmierung steht.

Lösungsbereich

Das Wissen des **Lösungsbereichs** (Entwurf, Implementierung, Test & Integration) baut auf dem Wissen des Problembereichs über die Verarbeitungslogik auf. Beim Betreten des Lösungsbereichs tritt aber beim Entwurf neues, technisches Wissen zu dem Wissen über die Verarbeitungsfunktionen der Geschäftsprozesse hinzu.

> Die Modellierung der Verarbeitungslogik des Problembereichs und die technische Lösung des Lösungsbereichs auf einen Schlag bewerkstelligen zu wollen, würde den Menschen überfordern und wäre fatal. Man muss hier sequentiell vorgehen. (Vorsicht!)

Im **Lösungsbereich** befasst man sich mit der **Programmkonstruktion**[19]. Dabei stellt man Programme auf, welche die Daten der betrachteten Anwendung bearbeiten. Im Lösungsbereich geht es um die reale Welt mit allen ihren physischen Randbedingungen und Einschränkungen. Im Lösungsbereich existiert ein technisches System mit seinen Rechnern. Betritt man den Lösungsbereich, so legt man beim Entwurf die Architektur des Systems fest, d. h. die Statik und die Dynamik der Programme.[20]

2.2 Spezifikation als Abstraktion einer Anwendungsfunktion

Ein Kunde will durch die Anwendungsfunktionen eines Programms unterstützt werden. Anwendungsfunktionen beruhen auf Ideen, sei es, dass diese Ideen als schriftliche Spezifikation auf Papier oder im Kopf der Entwickler vorliegen. Ob eine Spezifikation durch User Stories aus dem agilen Umfeld erfolgt oder durch **Anwendungsfälle**, die aus der spezifikationsorientierten Welt bekannt sind, sei dahingestellt.

Der Begriff eines **Anwendungsfalls** (engl. **Use Case**) wurde von Jacobson [Jac92] bekannt gemacht und hat sich weltweit durchgesetzt. In diesem Buch wird dieser

---

[17] Arbeitet man spezifikationsorientiert, so erstellt man vor der Programmierung eines Systems die Spezifikation des Systems.

[18] Arbeitet man agil, so produziert man zyklisch lauffähige Fragmente eines Systems in der Hoffnung, dass die Summe der Fragmente das gewünschte Ganze ergibt.

[19] Die Machbarkeit einer technischen Lösung sollte parallel zur Analyse des betrachteten Ausschnitts des Problembereichs untersucht werden.

[20] Das ist eine einfache Vorstellung. In Wirklichkeit wird eine Architektur iterativ entwickelt.

Begriff in seiner deutschen Übersetzung verwendet. Entscheidend ist, dass beim Start des Programmierens eines Anwendungsfalls ein ausreichend stabiles, mit dem Kunden abgestimmtes Verständnis des Gewünschten vorliegt, das iterative Verbesserungen erlaubt.

Anwendungsfälle der spezifikationsorientierten Welt sind meist Spezifikationen für **Anwendungsfunktionen**[21], die durch den Nutzer aufgerufen werden. Eine Anwendungsfunktion realisiert dabei den Vertrag eines (spezifizierten) Anwendungsfalls, in anderen Worten, was der Anwendungsfall vorschreibt. Ein Anwendungsfall kann sich jedoch im Problembereich oder dem Lösungsbereich befinden. Eine benutzbare Funktion befindet sich stets im Lösungsbereich. Sogenannte **Core level concerns** umfassen die Verarbeitung der Anwendungsfälle der Systemanalyse. Sogenannte **Cross-Cutting-corncerns** erfassen die querschnittlichen, technischen Funktionen (siehe Kapitel 2.5.3).

> Ein Anwendungsfall ist eine Leistung oder ein Service eines Systems für einen Nutzer. Er muss nicht von einem Nutzer ausgelöst werden, aber kommt ihm zugute.

Anwendungsfälle der spezifikationsorientierten Welt und ihr Vergleich mit User Stories der agilen Welt werden in Kapitel 2.6 behandelt.

2.3 Abläufe spezifikationsorientiert

Anwendungsfälle und Szenarien der spezifikationsorientierten Welt sind beides Spezifikationen. Sie erlauben es dem Entwickler, in der Erwartungshaltung eines Nutzers des zukünftigen Systems zu denken.

Ein **Anwendungsfall** spezifiziert eine Leistung eines Systems für einen Nutzer, ist Teil eines Geschäftsprozesses und muss ein Ergebnis haben. Ein Anwendungsfall ist sozusagen ein Typ und weist in seinem Ablauf Variablen auf, die verschiedene Werte annehmen können. Damit sind Alternativen im Ablauf, d. h. verschiedene Zweige des Ablaufs, möglich.

Ein **Szenario in der spezifikationsorientierten Welt** ist eine spezielle Ausprägung eines Anwendungsfalls. Ein **Szenario eines Anwendungsfalls** hat scharf definierte Werte für die Variablen eines Anwendungsfalls und ist damit in seinem Ablauf alternativlos.

Schon das Vorliegen eines Szenarios für einen Basisablauf eines Anwendungsfalls kann aber für einen Kunden bereits sehr hilfreich sein. Der Basisablauf eines Anwendungsfalls ist der sogenannte "Gut"-Fall. Im "Gut"-Fall gibt es keine Fehler in einer Anwendung.

---

[21] Aber nicht jeder Anwendungsfall führt zu einer Anwendungsfunktion. Es gibt Anwendungsfälle, die zeitgesteuert ausgelöst werden und keinem Aufruf einer Anwendungsfunktion eines Nutzers entsprechen.

Ein Anwendungsfall ist auf Grund seiner Alternativen deutlich mächtiger als ein Szenario. Startet man nur mit Szenarien im Sinne von scharfen Werten für Anwendungsfälle, so muss man dieses Wissen iterativ ergänzen, um zu breiter verwendbaren Lösungen zu kommen.

Zwischen einem Anwendungsfall und einem Szenario eines Anwendungsfalls gibt es in der **spezifikationsorientierten Welt** die folgenden Unterschiede:

- Ein Anwendungsfall arbeitet mit Variablen und Alternativen.
- Ein Szenario arbeitet mit scharf definierten Variablen. Deshalb kann es bei einem Szenario keine verschiedenen Zweige des Ablaufs (Alternativen) geben.

Zu einem Ablauf eines Anwendungsfalls gibt es viele Szenarien. Ein Anwendungsfall ist sozusagen der Typ und ein Szenario ist die Ausprägung.

2.4 Funktionalität und Architektur mit Freiheitsgraden

Anwendungsfunktionen stellen für einen Anwender oder Nutzer eines Systems einen Mehrwert dar. Anwendungsfunktionen laufen im Bauplan der gewählten Architektur. Eine Architektur beschreibt die Zerlegung eines Systems in Teile, das Zusammenwirken dieser Teile und die Beschreibung der Strategie für diese Architektur, um die für ein System geforderten Leistungen, beispielsweise die Leistung eines Anwendungsfalls, zu erbringen.

Die Architektur eines Systems wird so konstruiert, dass die gewünschten Anwendungsfunktionen nach dem Bauplan der Architektur ablaufen können. Die Architektur eines Systems sollte jedoch auch stabil sein und bei einer Erweiterung des Systems um eine weitere gewünschte "vernünftige" Anwendungsfunktion nicht zerbrechen. Zusätzlich zu den Anwendungsfunktionen kann eine Architektur aber noch weitere Funktionen[22] enthalten, beispielsweise zum Start-up (Betriebssicherheit), zur Informationssicherheit oder zur Parallelität und Interprozesskommunikation.

Eine Architektur stellt zwar Anwendungsfunktionen zur Verfügung, gilt aber in der Regel auch für weitere Anwendungsfunktionen. Sie wird für eine Gruppe ähnlicher Funktionen geschrieben und ist nicht spezifisch für eine spezielle Funktion Architektur und Funktionen ergänzen einander und sind komplementär.

Auch wenn eine Architektur die Ablauffähigkeit von Funktionen ermöglicht, so muss sie auch **nicht-funktionalen Anforderungen** genügen, insbesondere Forderungen an die

- Performance,
- Bedienbarkeit,
- Wiederverwendbarkeit der Komponenten,
- Änderbarkeit,

---

[22] Auf die funktionale Sicherheit wird in diesem Buch nicht eingegangen.

- Ausbaufähigkeit und Wiederverwendbarkeit des Systems (vor allem bei einem Stufenplan[23]) oder
- Verständlichkeit.

Bei den **agilen Ansätzen** ist die **Änderbarkeit** extrem wichtig, da man sich in einem zunächst unbekannten Gebiet bewegt, das erst mit der Zeit erkundet wird. Zur Stabilisierung der Qualität bei häufigen Änderungen benötigt man **automatische Tests** und die Möglichkeit zu schnellem **Refactoring** (Gewinnung einer besseren Architektur durch kontinuierliche Überarbeitung von problematischen Stellen im Code).

Bei Agilität ist eine Änderbarkeit der Architektur und Funktionen eine zwingende Voraussetzung für den Erfolg eines Software-Systems.

Eine rein funktionale Betrachtung eines Systems reicht nicht aus. Eine **Architektur** muss die **funktionalen Anforderungen** und die **nicht-funktionalen Anforderungen** erfüllen. Eine Architektur wird für eine Gruppe ähnlicher Funktionen geschrieben und ist nicht spezifisch für eine spezielle Funktion.

Funktionalität und Architektur sind komplementär zu sehen. Zwar ermöglicht eine Architektur das Ablaufen einer bestimmten Funktionalität, die Architektur eines Systems selbst stellt aber den Rahmen für die Statik und Dynamik des Systems dar, der nicht von einer speziellen Anwendungsfunktion abhängig sein soll.

2.5 Sichten auf Funktionen in Analyse und Entwurf

In diesem Kapitel wird ein Satz von Funktionsklassen[24] genannt, die üblicherweise beim Bau von Softwaresystemen auftreten. Dabei wird erörtert, dass diese Funktionsklassen mit Ausnahme der Verarbeitungsfunktionen der Geschäftsprozesse in der Regel[25] erst beim Entwurf betrachtet werden und nicht bereits in der Analyse, in der analysiert und aus logischer Sicht modelliert wird. Die verschiedenen Funktionsklassen sind zueinander komplementär.

Anwendungsfunktionen sind Funktionen eines Systems aus Anwendersicht. Anwendungsfunktionen und damit auch Anwendungsfälle können Teilstücke der noch zu erklärenden Grundfunktionen der Informationstechnik enthalten, aber auch Teilstücke von Funktionen, die gewährleisten, dass ein System bestimmte Eigenschaften oder Qualitäten hat, die auf einzelne Funktionen abgebildet werden können. Zu solchen Funktionen gehören beispielsweise Funktionen der Betriebssicherheit oder für die erforderliche Parallelität. Sowohl die Grundfunktionen der Informationstechnik als auch diese Qualitäten werden in den folgenden Kapiteln 2.5.1 und 2.5.2 detailliert betrachtet.

---

[23] Wird ein System in mehreren Bauabschnitten (Stufen) realisiert, so kann das in einem Stufenplan beschrieben werden.
[24] Auf die funktionale Sicherheit (Safety) wird in diesem Buch nicht eingegangen.
[25] Es gibt Ausnahmen.

2.5.1 Grundfunktionen der Informationstechnik

Die Grundfunktionen der Informationstechnik sind:

- verarbeiten,
- speichern,
- ein-/ausgeben und
- übertragen.

Also benötigt ein System die folgenden Funktionen:

- Verarbeitungsfunktionen,
- Datenhaltungsfunktionen,
- MMI[26]-Funktionen und
- Übertragungsfunktionen (Funktionen der **Rechner-Rechner-Kommunikation**).

Verarbeitungsfunktionen werden objektorientiert in der Regel bereits im Rahmen der **Analyse** modelliert.[27]

Datenhaltung, **MMI-Funktionen** und die **Übertragungsfunktionen** (**Funktionen** der Rechner-Rechner-Kommunikation) werden objektorientiert erst beim **Entwurf** relevant.

Ein stand-alone Rechner braucht keine Rechner-Rechner-Kommunikation. Besteht ein verteiltes System aber aus mehreren Rechnern, so braucht man Funktionen der Rechner-Rechner-Kommunikation. Ferner muss man sich beim Entwurf auch Gedanken darüber machen, wie die Software auf die verschiedenen Rechner verteilt werden soll. Statt von **Verteilung** spricht man auch von **Deployment**.

2.5.2 Funktionen zur Gewährleistung von Qualitäten[28]

Softwaresysteme müssen außer ihrer Kernfunktionalität der Grundfunktionen der Informationstechnik auch noch bestimmte **Systemeigenschaften** oder **Qualitäten** aufweisen, die durch das Vorhandensein spezieller Funktionen zu gewährleisten sind. Diese Qualitäten sind[29]:

- Betriebssicherheit,
- Informationssicherheit und
- Parallelität[30].

---

[26] MMI bedeutet Man-Machine Interface bzw. Mensch-Maschine-Schnittstelle. Hierfür ist auch der Begriff HMI (Human Machine Interface) gebräuchlich.
[27] Eine detaillierte Analyse findet bei Scrum erst in einem der Sprints statt.
[28] Auf funktionale Sicherheit wird in diesem Buch nicht eingegangen.
[29] Qualitäten können bei der Verwendung von User Stories bei agilen Ansätzen als Akzeptanzkriterien (engl. confirmations) berücksichtigt werden. Das Entwicklungsteam kann daraus direkt geeignete Tests ableiten.
[30] Wenn eine Parallelität erwünscht ist.

Das Vorhandensein dieser Qualitäten beruht auf dem Vorhandensein spezieller Funktionen! Diese Funktionen sollten nicht später in ein System "hineingetestet" werden. Sie können die Architektur entscheiden! Es muss durch frühzeitige und kontinuierliche Tests sichergestellt werden, dass das System bestimmte Funktionen bereits während der Entwicklung erfüllt.[31]

Die Betriebssicherheit enthält die Fähigkeiten, ein System zu starten und zu stoppen, Fehler zu erkennen und Fehler auszugeben. Informationssicherheit (engl. security) umfasst im Wesentlichen den Schutz vor unerwünschten Zugriffen. Eine Parallelität ergibt sich in einem System durch das Vorhandensein von nebenläufigen Prozessen wie Betriebssystemprozessen oder Threads.

Aus der Eigenschaft der Parallelität von Handlungssträngen ergibt sich die Notwendigkeit der Interprozesskommunikation dieser parallelen Prozesse.

Im Folgenden sollen die Betriebssicherheit, Informationssicherheit und Parallelität diskutiert werden:

● **Betriebssicherheit**

   An die Betriebssicherheit werden Anforderungen der folgenden Art gestellt:

   – Das System muss beim Start-up in einfacher Weise gestartet werden können und beim Shut-down definiert beendet werden können.
   – Das System soll Fehler erkennen und behandeln können (Fehlererkennung und Fehlerbehandlung).
   – Das System soll über aufgetretene Fehler informieren (Fehlerausgabe).

   Die Funktionen der **Betriebssicherheit** umfassen:

   – den Start-up des Systems,
   – den Shut-down des Systems,
   – eine Fehlererkennung und Fehlerbehandlung wie z. B. eine Rekonfiguration bei verteilten Systemen und
   – die Fehlerausgabe zur Laufzeit.

   Befasst man sich mit dem Hochfahren (engl. start-up) und Herunterfahren (engl. shut-down) des Systems, so muss man sich zwangsläufig auch mit der **Persistenz der Daten** befassen.

   Daten, die beim erneuten Starten des Systems zur Verfügung stehen sollen, müssen spätestens beim shut-down des Systems persistent in einer Datenbank oder in Dateien gespeichert werden.

   Bei **verteilten Systemen** wird bei der Fehlerbehandlung oft verlangt, dass das System im Fehlerfall neu konfiguriert (rekonfiguriert) werden kann. Beispiele dafür

---

[31] Spezifikationsorientierte Ansätze haben hier Schwierigkeiten, da ggf. wiederholt iteriert werden muss, was zum ständigen Neuschreiben der Spezifikation führen kann.

sind ein Umschalten auf andere Rechner oder ein definierter Neustart "ab-
gestürzter" Programme. Ferner muss die Fehlerausgabe zur Laufzeit aufgetretene
Fehler an zentraler Stelle dem Nutzer melden (**Single System View**) und eine
einfache Zuordnung der Fehlermeldungen zu ihren Ursachen ermöglichen (Fehlerausgabe).

Aufgetretene Fehler

Da der Entwurf sich mit einem technischen System befasst, muss
man beim Entwurf auch mit den technischen Fehlern des Systems
fertig werden. Dahingegen befasst man sich bei der Analyse nur mit
logischen Fehlern in dem erwarteten Ablauf einer Anwendung.

Ist beispielsweise ein gewünschtes Buch gerade in der Bibliothek ausgeliehen und
darum nicht verfügbar, so stellt dies einen Fehlerfall in dem erwarteten Ablauf
einer Anwendung "Bücherverwaltung" dar. Ein technischer Fehler ist z. B. eine
fehlerhafte Übertragung über eine Kommunikationsverbindung oder ein Festplat-
tencrash.

- **Informationssicherheit**

Des Weiteren werden meist Anforderungen an die **Informationssicherheit** (engl.
security) gestellt.

Informationssicherheit bedeutet beispielsweise, dass ein bestimmter Nutzer oder ein bestimmtes Fremdsystem nur im Rahmen
seiner Berechtigung die Funktionen und Daten nutzen darf.

Dies bedeutet, dass die zu schützenden Objekte eines Systems vor unbefugtem
Zugriff bewahrt werden müssen. Hierfür müssen spezielle Informationssicherheits-
funktionen entworfen werden wie z. B. bestimmte Mechanismen für die Authen-
tisierung[32].

- **Parallelität**

Große Systeme strukturiert man in der Regel in **parallele** (**nebenläufige**) **Einheiten**, oftmals verteilt auf mehrere Rechner. Dabei stellen Betriebssystemprozesse im Gegensatz zu Threads, die in einem Betriebssystemprozess ablaufen,
verteilbare Einheiten dar.

Eine **Interprozesskommunikation** (engl. **interprocess communication**, IPC) erlaubt einen Informationsaustausch zwischen den
jeweiligen parallelen Einheiten (Betriebssystemprozesse oder
Threads) auf demselben oder auf verschiedenen Rechnern.

Im Rahmen der objektorientierten Modellierung der Analyse werden grundsätzlich
alle Funktionen bzw. Objekte als parallele Einheiten betrachtet. Dagegen muss
man sich beim Entwurf mit den in der entsprechenden Programmiersprache bzw.

---

[32] Das Wort Authentifizierung wird gleichbedeutend verwendet.

dem entsprechenden Betriebssystem oder der entsprechenden **Middleware**[33] zur
Verfügung stehenden Mitteln für die **Parallelität** befassen und diese konkret in ein
System einbauen. Beim Entwurf ist scharf zwischen einer sequentiellen Program-
mierung und nebenläufigen Code-Sequenzen zu unterscheiden.

2.5.3 Funktionsklassen in Analyse und Entwurf

Im Folgenden werden alle[34] Funktionsklassen für Anwendungssoftware zusammen-
gestellt. Diese sind

- zum einen die in Kapitel 2.5.1 genannten **Grundfunktionen der Informationstechnik** und
- zum anderen die in Kapitel 2.5.2 aufgeführten Funktionsklassen, die aus der
  Betrachtung von **Qualitäten** resultieren.

Die Grundfunktionen der Informationstechnik sind:

- Verarbeitung,
- Datenhaltung,
- Ein- und Ausgabe sowie
- Übertragung (Rechner-Rechner-Kommunikation).

Qualitäten, die das Vorhandensein spezieller Funktionen voraussetzen, sind:

- Betriebssicherheit,
- Informationssicherheit und
- Parallelität[35].

> Die Summe der Funktionen aus den Grundfunktionen der Informa-
> tionstechnik und den Funktionen für die Betriebssicherheit, Infor-
> mationssicherheit und Parallelität minus der Verarbeitung wird in
> diesem Buch als **technische Funktionen** bezeichnet.

Bis auf die Verarbeitung, die in der Analyse studiert wird, werden die anderen Funktionen – **technische Funktionen** genannt – in der Regel erst beim Entwurf betrachtet.

Im Fall des objektorientierten Ansatzes betrachtet man in der Analyse die **Verarbeitungsfunktionen** aus Sicht des Problembereichs. Ferner wird aufgeschrieben,
was ein- und ausgegeben, gespeichert oder übertragen wird. Wie eine Ein- und
Ausgabe, Speicherung oder Übertragung erfolgt, ist in der Regel Sache des Lö-

---

[33] Eine Middleware ist eine Programmschicht, welche sich über mehrere Rechner erstreckt und vor
allem eine Interprozesskommunikation für verteilte Anwendungen zur Verfügung stellt. Weitere
Funktionen einer Middleware sind beispielsweise Persistenzdienste oder die Verwaltung von
Namen.

[34] Die funktionale Sicherheit wird in diesem Buch nicht betrachtet.

[35] Eine Parallelität erfordert natürlich Funktionen der Interprozesskommunikation, um die parallelen
Prozesse zu verbinden.

sungsbereichs. Ebenso werden in der Regel die Betriebssicherheit, Informationssicherheit und Parallelität erst im Lösungsbereich relevant.

Die folgende Tabelle zeigt für häufig vorkommende Fälle die Sichten eines Entwick-
lers im Rahmen des Problembereichs und des Lösungsbereichs für den objektorientierten Ansatz[36]:

Funktionen	Analyse/ Problembereich	Entwurf/ Lösungsbereich
Verarbeitung	detailliert betrachtet	detailliert betrachtet
Datenhaltung	was wird gespeichert	detailliert betrachtet
Ein- und Ausgabe	was wird ein- bzw. ausgegeben	detailliert betrachtet
Rechner-Rechner-Kommunikation	was wird übertragen	detailliert betrachtet
Betriebssicherheit	nicht betrachtet	detailliert betrachtet
Informationssicherheit	nicht betrachtet	detailliert betrachtet
Parallelität/IPC	nicht betrachtet	detailliert betrachtet

Tabelle 2-1 Funktionsklassen im Fall einer objektorientierten Lösung

2.6 Anwendungsfälle versus User Stories

Anwendungsfälle und User Stories[37] sind gebräuchliche Mittel, um die Anforderungen an die Abläufe von Funktionen eines Systems aus der Sicht eines Nutzers zu
erfassen. Man darf sich aber nicht nur auf die funktionalen Eigenschaften eines Produkts konzentrieren. Auch die nicht funktionalen Anforderungen an ein Produkt
müssen erfüllt sein.

Kapitel 2.6.1 behandelt Anwendungsfälle, Kapitel 2.6.2 User Stories, Kapitel 2.6.3
zieht einen Vergleich zwischen Anwendungsfällen und User Stories.

2.6.1 Anwendungsfälle

Wird ein **Geschäftsprozess** oder werden Teile eines Geschäftsprozesses **automatisiert**, d. h. auf die Maschine gebracht, so werden
den Nutzern dieses Systems Anwendungsfälle in programmierter
Form zur Verfügung gestellt.

Ein **Anwendungsfall** ist kein lauffähiges Programm, sondern stellt nur eine **Spezifikation einer Funktion** dar, die oft durch den Nutzer selbst abgerufen werden kann.

---

[36] Je nach Projekt kann es erforderlich sein, technische Funktionen bereits im Rahmen der Analyse
zu behandeln.

[37] User Stories stammen von Kent Beck.

Die Spezifikation einer funktionalen Leistung, die ein **System**[38] im Rahmen eines Geschäftsprozesses einem Anwender zur Verfügung stellt, wird als **Anwendungsfall des Systems** bezeichnet. Ein System kann viele Anwendungsfälle haben.

Ein **Anwendungsfall** kommt einem Nutzer zugute und führt für diesen Nutzer zu einem bestimmten **Ergebnis**. Ein Anwendungsfall muss stets ein Ergebnis haben, sonst liegt kein Anwendungsfall vor.

Nach Jacobson [Jac92] wird jeder Anwendungsfall durch einen sogenannten **Aktor** ausgelöst. Ein Aktor ist eine Rolle, ein Gerät oder Fremdsystem am Rande – also außerhalb – des betrachteten Systems.

Ein Anwendungsfall lässt sich wie folgt charakterisieren:

1. Ein Anwendungsfall gehört zu einem Geschäftsprozess oder Teil eines Geschäftsprozesses und soll automatisiert werden, also vom zu realisierenden System zur Verfügung gestellt werden.
2. Ein Anwendungsfall ist eine funktionale Leistung oder ein Service eines Systems für einen Nutzer.
3. Ein Anwendungsfall kann Alternativen haben.
4. Ein Anwendungsfall ist eine Spezifikation, die zu implementieren ist.
5. Ein Anwendungsfall muss ein Ergebnis haben.

2.6.1.1 Anwendungsfälle in der Praxis

Lauffähige **Anwendungsfälle** können in der Praxis entweder

- durch einen **Aktor** wie eine Rolle, ein Gerät oder ein Fremdsystem ausgelöst werden (**ereignisorientierte Anwendungsfälle**),
- zu bestimmten Zeitpunkten oder zyklisch vom System selbst gestartet werden (**zeitgesteuerte Anwendungsfälle**)[39] oder
- durchgehend ablaufen (**fortlaufend aktive Anwendungsfälle**).

Eine ereignisorientierte Auslösung eines Anwendungsfalls bedeutet, dass der Anwendungsfall asynchron ausgelöst wird, z. B. weil der Nutzer eine Taste anschlägt.

2.6.1.2 Realisierung von Anwendungsfällen

Im Rahmen der Objektorientierung werden die Anwendungsfunktionen meist nicht durch die Methode eines einzelnen Objekts, sondern durch die Zusammenarbeit von

---

[38] Es gibt Systeme n-ter Stufe, auf Deutsch: Es gibt auch Anwendungsfälle für Teilsysteme bis hin zu den Klassen. Ein Anwendungsfall ist ein Service, den ein System oder ein Zerlegungsprodukt eines Systems zur Verfügung stellt.

[39] Für die Auslösung zeitgesteuerter Ereignisse führte Jacobson [Jac92] die system clock als Aktor ein. Die Realisierung zeitgesteuerter Ereignisse wird zwar als Anwendungsfall spezifiziert, stellt aber keine Anwendungsfunktion dar, da sie vom Anwender nicht aufgerufen wird.

mehreren Objekten zur Verfügung gestellt. Man sagt in UML dazu, dass ein Anwendungsfall durch eine **Kollaboration von Objekten** realisiert wird. Eine Kollaboration nach UML ist im folgenden Bild gezeigt:

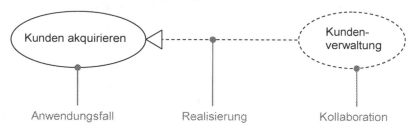

Bild 2-1 Eine Kollaboration

Die Wechselwirkungen zwischen den Objekten werden auf einen Nachrichtenaustausch zwischen den Objekten abgebildet. Bildlich gesprochen heißt dies, dass die Objekte miteinander "reden" Für jeden Anwendungsfall wird dabei ein sogenanntes Kommunikations- oder Sequenzdiagramm erstellt, um den Ablauf des entsprechenden Anwendungsfalls zu studieren. Kommunikationsdiagramme und Sequenzdiagramme können sowohl bei der Analyse als auch beim Entwurf erfolgreich für das Studium der Abläufe von Anwendungsfällen verwendet werden.

2.6.1.3 Teilschritte von Anwendungsfällen

Es sollte vermieden werden, einen einzelnen Teilschritt eines Anwendungsfalls als eigenen Anwendungsfall zu bezeichnen. Ein **Teilschritt eines Anwendungsfalls** sollte nur als **Sub-Anwendungsfall** bezeichnet werden.

Die einzelnen **Teilschritte eines Anwendungsfalls** können zeitlich asynchron zueinander ausgeführt werden. Dennoch sind sie miteinander **zeitlich verkettet**, dergestalt, dass ein Teilschritt nach dem anderen ausgeführt wird und zwar jeder Teilschritt nur ein einziges Mal und in einer definierten Reihenfolge. Die einzelnen Teilschritte eines Anwendungsfalls können zwar asynchron zueinander ausgeführt werden, aber sie sind voneinander abhängig. Sie sind logisch verkettet. Sie werden nicht unabhängig voneinander ausgeführt.

Erst, wenn der letzte Teilschritt abgearbeitet ist, liegt das durch den ersten Teilschritt initiierte Ergebnis vor.

Sonst würden Sie beispielsweise 5 Versicherungsverträge erhalten, ohne je einen Antrag gestellt zu haben, wenn jeder Teilschritt ein eigener Use Case wäre.

Das System Bibliotheksverwaltung als Beispiel

Genauso ist es beim Ausleihen von Büchern in einer Bibliothek. Die Teilschritte "Buch ausleihen" und "Buch zurückgeben" gehören in eine Kette von Verarbeitungsschritten des Anwendungsfalls "Buch ausleihen und zurückgeben". Wenn Sie ein Buch ausleihen, geben Sie genau dieses Buch, das sie mitgenommen haben, zurück und nicht ein anderes! Oder geben Sie ein Buch zurück, ohne dass Sie vorher genau dieses Buch ausgeliehen haben? Das wäre möglich, wenn "Buch ausleihen" und "Buch zurückgeben" zwei unabhängige Anwendungsfälle wären, die vollkommen unabhängig voneinander aufgerufen werden könnten. Dann könnten Sie auch 5x denselben Titel zurückgeben, ohne ihn je ausgeliehen zu haben.

2.6.1.4 Anwendungsfälle in Analyse und Entwurf

Ganz zu Beginn der Analyse eines Systems betrachtet man zunächst die Geschäftsprozesse und fällt dann die Entscheidung, welche Geschäftsprozesse bzw. welche Anteile davon durch das System unterstützt werden sollen und welche nicht. Die Geschäftsprozesse oder Teile von Geschäftsprozessen, die auf dem Rechner laufen, beinhalten die realisierten **Anwendungsfälle**.

Geforderte Anwendungsfälle kann man in der **Analyse** studieren, wobei im Rahmen der Objektorientierung in der Analyse in der Regel nur die Funktion der **Verarbeitung** betrachtet wird. Beim **Entwurf** kommen dann **technische Funktionen** wie die Ein-/Ausgabe oder die persistente Datenspeicherung hinzu, die einen Anwendungsfall letztendlich auf einem Rechner zum Laufen bringen.

2.6.1.5 Anwendungsfälle und Alternativen

Durch einen Anwendungsfall wird nicht nur ein bestimmter Ablauf beschrieben, sondern eine ganze Menge von möglichen Abläufen.

Der **Basisablauf**[40] eines Anwendungsfalls beschreibt den "Gut-Fall", bei dem das gewünschte Ergebnis, also das eigentliche Ziel des Anwendungsfalls, erzielt wird. Hierbei kann es innerhalb des Basisablaufs durchaus Alternativen geben.

Beispielsweise kann im Basisablauf eine Ausgabe wahlweise auf den Bildschirm oder auf den Drucker erfolgen. Formal gesehen ist das Ergebnis eines Anwendungsfalls ein Wert, der an einen Aktor gegeben wird wie z. B. die Ausgabe eines Dokumentes auf einem Drucker.

Außer dem Basisablauf gibt es ferner noch sogenannte **Alternativabläufe**. Diese **Alternativabläufe** stellen sozusagen **Fehlerfälle** dar, da bei Alternativabläufen das eigentliche Ziel eines Anwendungsfalls nicht erreicht wird.

Ein Alternativablauf kann kein Ergebnis haben, aber auch ein Ergebnis, welches allerdings nicht dem eigentlich gewünschten Ergebnis des Basisablaufs entspricht.

Im Rahmen der **Analyse** bewegt man sich im Problembereich. Alternativabläufe sind daher stets **Fehler in der Anwendung**.

---

[40] Der Basisablauf ist der "normale Ablauf" eines Anwendungsfalls, wie er im positiven Fall erwartet wird.

In der Analyse gibt es noch kein technisches System. So hat der Anwendungsfall "Buch ausleihen und zurückgeben" beispielsweise den Alternativablauf (Fehler in der Anwendung), dass das gesuchte Buch in der Bibliothek gar nicht geführt wird, oder den Alternativablauf, dass das gesuchte Buch gerade ausgeliehen ist.

> **Ein technischer Fehler** wird erst beim Studium des **Lösungsbereichs** gefunden, bei dem es ein lauffähiges System und technische Funktionen gibt.

Es kommen deshalb beim Entwurf weitere Fehlerfälle als Alternativen hinzu, nämlich dass das Rechnersystem oder technische Funktionen des Systems gerade ausgefallen sind oder nicht wunschgemäß funktionieren. Ein Beispiel für einen technischen Fehler ist beispielsweise, dass eine Kommunikationsverbindung unterbrochen ist.

2.6.1.6 Szenarien spezifikationsorientiert und agil

Anwendungsfälle der spezifikationsorientierten Welt stellen nichts anderes dar als eine **Verallgemeinerung von Szenarien** der spezifikationsorientierten Welt.

> **Ein Szenario** der spezifikationsorientierten Welt repräsentiert einen speziellen Ablauf mit definierten Parametern. Ein Anwendungsfall kann als ein Typ mit Variablen angesehen werden und ein Szenario als eine Instanz eines Anwendungsfalls.

Im Folgenden ein Beispiel:

$$x \leq 0 \qquad x > 0$$

Anwendungsfall

$x = 3,99$

Szenario

Bild 2-2 Beispiel für Anwendungsfall versus Szenario (spezifikationsorientiert)

Ein Anwendungsfall wird nicht – wie bei Szenarien üblich – mit ganz konkreten Datenwerten durchgespielt, sondern mit "Variablen". Alle Informationen, die fließen, tragen einen Namen. Während bei einem Anwendungsfall nach **Basisablauf** und **alternativer Ablauf** je nach dem Bereich, in dem sich der für eine Fallunterscheidung relevante Parameter befindet, unterschieden wird, läuft ein Szenario in der spezifikationsorientierten Welt einfach komplett entsprechend seinen Parametern ab.

Ein Szenario hat keine Alternativen. Ein Anwendungsfall enthält viele Szenarien.

> Auch wenn in der **agilen Welt** ein **Szenario** oft eine Instanz eines Anwendungsfalls ist, so gibt es dennoch in der agilen Welt keine klare Spezifikation von "Szenario". Man orientiert sich vielfach einfach nur an der sprachlichen Bedeutung von "Szenario". Ein Szenario ist in diesem Falle einfach ein unscharfes Hilfsmittel, die Interaktion eines Systems mit seiner Umwelt in einem gewissen Anwendungsfall zu beschreiben.

 Vorsicht!

In der agilen Entwicklung hat sich eine Praktik etabliert, die es erlaubt, Akzeptanztests in Form von Szenarien zu beschreiben, die das angestrebte Verhalten des zu erstellenden Systems definieren. Sie nennt sich **Behaviour Driven Development (BDD)** und wird in der Regel dazu verwendet, bereits vor der Implementierung von Funktionalität besagte Akzeptanztests direkt aus Kundenforderungen abzuleiten, insbesondere den Akzeptanzkriterien eines Anwendungsfalls. Die dazu verwendete **Domain Specific Language (DSL)** nennt sich Gherkin und wird mittlerweile von einer Vielzahl an Werkzeugen unterstützt. Gherkin[41] besteht vor allem aus Schlüsselworten wie `Funktionalität`, `Szenario`, `Angenommen`, `Wenn`, `Dann` und `Und`. Betrachtet man den im Folgenden abgedruckten Gherkin-Testfall, dann fällt sofort die Ähnlichkeit zu einer Beschreibung eines Anwendungsfalls oder einer größeren User Story auf. Hier der bereits erwähnte Testfall [cucuhp]:

```
Funktionalität: Division
    Um dumme Fehler zu vermeiden, müssen die Kassierer in der Lage
    sein, Divisionen auszurechnen

    Szenario: Reguläre Zahlen
        Angenommen ich habe die Zahl 3 im Taschenrechner eingegeben
        Und ich habe die Zahl 2 im Taschenrechner eingegeben
        Wenn ich auf "Division" drücke
        Dann sollte als Resultat 1,5 am Bildschirm ausgegeben werden
```

Um den Testfall ausführbar zu machen, muss in der Entwicklungsphase natürlich noch ein wenig Code geschrieben werden. Es wird aber tatsächlich der in Gherkin geschriebene Testfall geparst und mittels regulärer Ausdrücke auf Testfunktionen gemapped. Durch die regulären Ausdrücke lässt sich eine Testfallsprache realisieren, bei der die beispielsweise in einem Satz eingebetteten Parameter als Variablen gelesen werden und die Testfunktion im Code somit wiederverwendet wird, sobald man in einem anderen Szenario oder Testfall denselben Satzaufbau mit beliebigen anderen Parametern verwendet.

BDD unterstützt somit tatsächlich die Entwicklung des vom Kunden angestrebten Systems, da dabei die Testfälle, die zur fachlichen Verifikation verwendet werden, vom Kunden bzw. Product Owner gelesen oder sogar geschrieben werden. Erwähnenswert ist auch, dass BDD somit ähnlich, wie es bei den User Stories ist, die Kollaboration[42] zwischen allen Parteien in den Vordergrund stellt.

---

[41] Kommt ursprünglich vom Werkzeug Cucumber [cucuhp], das ein BDD-Tool für Ruby darstellt.
[42] Die Kollaboration wird deshalb gefördert, weil für die Testfälle eine Prosa-artige Sprache verwendet wird und der Product Owner oder der Endkunde auch ohne Programmierkenntnisse diese lesen und sogar daran mitarbeiten kann.

2.6.1.7 Basisablauf ohne Alternativen als Sequenz von Einzelschritten

Das folgende Bild zeigt den Basisablauf eines Anwendungsfalls ohne Alternativen:

Bild 2-3 Basisablauf eines Anwendungsfalls als eine Sequenz von Einzelschritten

Ein Basisablauf kann eine synchrone oder asynchrone Folge von Einzelschritten sein. Erfahrungsgemäß stellt sich das Finden von Anwendungsfällen als eine sehr anspruchsvolle Aufgabe heraus. Ein Anfänger findet beispielsweise anstelle des Anwendungsfalls "Buch ausleihen und zurückgeben" die beiden Anwendungsfälle "Buch ausleihen" und "Buch zurückgeben".

2.6.1.8 Verfeinerung von Anwendungsfällen in der Systemanalyse

Um die Anwendungsfälle eines Systems zu strukturieren, kann ein Anwendungsfall modular aus Teilen aufgebaut werden. Zwischen diesen Teilen bestehen die folgenden Beziehungsarten:

● **Erweiterungsbeziehung**

> Eine Erweiterungsbeziehung drückt die potenzielle **Erweiterung eines lauffähigen Anwendungsfalls** durch einen Sub-Anwendungsfall aus. Das Verhalten eines lauffähigen Anwendungsfalls kann, muss aber nicht erweitert werden.

Bei Erfüllen von Bedingungen an sogenannten Erweiterungspunkten wird der erweiternde Sub-Anwendungsfall ausgeführt. Fehlt die Bedingung, wird der Anwendungsfall am Erweiterungspunkt erweitert. Der erweiternde Sub-Anwendungsfall ist ein Inkrement, das in den zu erweiternden Anwendungsfall eingeschoben wird. Der zu erweiternde Anwendungsfall ist auch ohne die Erweiterung lauffähig.

Das Schlüsselwort «extend» dient in UML zur Trennung des optionalen erweiternden Verhaltens von dem erweiterten Anwendungsfall. Erweiterungsbeziehungen werden in den folgenden Fällen verwendet:

– Modellierung alternativer Abläufe, die selten ausgeführt werden.
– Modellierung optionaler Teile des Anwendungsfalls.
– Modellierung getrennter Unterabläufe, die nur in speziellen Fällen auftreten.
– Um mehrere verschiedene Sub-Anwendungsfälle in einen bestimmten Anwendungsfall einfügen zu können.

- **Inklusionsbeziehung**

Eine Inklusionsbeziehung drückt aus, dass ein Anwendungsfall einen Sub-Anwendungsfall braucht und benutzt, **um überhaupt lauffähig zu werden**.

Dabei hat der Sub-Anwendungsfall, der benutzt wird, oftmals die Eigenschaft eines **Bibliothekbausteins**, das heißt, dass er mehrfach verwendet wird. Aber auch ein "freies" Strukturieren ist möglich.

Eine Inklusionsbeziehung wird nach UML durch eine Abhängigkeitsbeziehung mit dem Schlüsselwort **«include»** modelliert.

- **Vererbungsbeziehung**

Eine Vererbungsbeziehung drückt aus, dass ein Anwendungsfall die Spezialisierung eines anderen Anwendungsfalls ist.

Diese drei Beziehungen sind im folgenden Bild zu sehen:

Bild 2-4 Beispiel für Beziehungen

2.6.1.9 Erweiterungsbeziehung

Ein Standardbeispiel für Erweiterungen sind Fehlerfälle in der Anwendung. Diese werden zunächst nicht betrachtet, da zuallererst der Normalfall (Basisablauf) modelliert wird. Fehlerfälle kommen als Erweiterungen zum Basisablauf hinzu.

Die Notation einer Erweiterungsbeziehung ist – wie im folgenden Bild gezeigt – nach UML ein Abhängigkeitspfeil mit dem Schlüsselwort «extend»:

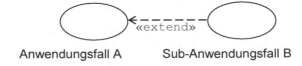

Anwendungsfall A   Sub-Anwendungsfall B

Bild 2-5 Form der extend-Beziehung

Der `extend`-Pfeil geht **vom erweiternden Sub-Anwendungsfall B zum erweiter-ten Anwendungsfall A**. Eine durch das Schlüsselwort «`extend`» gekennzeichnete Abhängigkeitsbeziehung stellt die Erweiterungsbeziehung dar.

Die obige Grafik bedeutet:

- Der Anwendungsfall `A` kann durch den Sub-Anwendungsfall `B` erweitert werden.
- Der Anwendungsfall `A` wird völlig unabhängig vom Sub-Anwendungsfall `B` be-schrieben und ist ohne die Erweiterung lauffähig.
- In der Anwendungsfallbeschreibung von `A` ist die Einfügestelle anzugeben.

2.6.1.10 Inklusionsbeziehung

Eine Inklusionsbeziehung kann eine mehrfache Wiederverwendbarkeit (Bibliotheks-baustein) unterstützen, aber auch nur eine frei gewählte Verfeinerung. Eine mehr-fache Wiederverwendung ist jedoch das eigentliche Ziel, da sie willkürliche Zer-legungen vermeidet. Auf jeden Fall muss der inkludierte Sub-Anwendungsfall aufge-rufen werden, damit der aufrufende Anwendungsfall überhaupt erst lauffähig wird.

Die Notation einer `include`-Beziehung ist im folgenden Bild zu sehen:

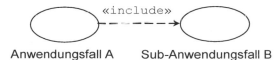

Anwendungsfall A   Sub-Anwendungsfall B

Bild 2-6 Form der `include`-Beziehung

Der `include`-Pfeil geht vom benutzenden Anwendungsfall `A` zum benutzten Sub-Anwendungsfall `B`. Die obige Grafik bedeutet:

Der Anwendungsfall `A` benutzt den Sub-Anwendungsfall `B`, d. h., er führt den Anwen-dungsfall `B` während seiner Abarbeitung aus. Der **Sub-Anwendungsfall** `B` ist für die Bereitstellung der erforderlichen Funktionalität des Anwendungsfalls `A` **absolut notwendig**.

2.6.1.11 Vererbungsbeziehung

Eine Generalisierung zwischen Anwendungsfällen funktioniert genauso wie eine Ge-neralisierung zwischen Klassen. Der untergeordnete Anwendungsfall übernimmt die Eigenschaften des übergeordneten Anwendungsfalls und kann diesen spezialisieren. Ein Anwendungsfall kann also vom Typ eines anderen Anwendungsfalls sein. Es wird die bei Klassen übliche Notation eines Vererbungspfeils angewandt.

2.6.2 User Stories

Kent Beck [Bec99] führte den Begriff einer User Story ein, um von schwergewich-tigen Spezifikationen wegzukommen und um die gegenseitige Kommunikation von Entwicklern und Kunden in den Mittelpunkt zu stellen.

Eine **User Story** ist gut geeignet, um **Funktionalitäten** für ein zu realisierendes System aufzunehmen und zwar in derjenigen Weise, wie ein Nutzer das zukünftige System benutzen will.

Daher sollen **User Stories** aus **Nutzersicht** erfasst werden. User Stories werden am besten durch Gespräche mit Kunden und Nutzern gewonnen. Use Cases hingegen werden in der Regel durch Berater oder System- bzw. Softwareingenieure entwickelt. Statt des Begriffs User Story hört man auch den Begriff **Feature**. In agilen Kreisen wird der Begriff "story" oder "user story" bevorzugt.

Eine Story soll auf einer einzigen Notizkarte notiert werden. User Stories sind vermutlich die populärste agile Technik, um die Funktionalität eines Produkts zu erfassen.

Eine **User Story** beschreibt eine kurzgefasste Darstellung einer Anforderung des Kunden, ohne technisch zu tief ins Detail zu gehen.

Eine **User Story** dient

- als Kurzfassung und
- als Auslöser für Gespräche.

Dadurch sollen Stakeholder des Kunden auch ohne weitreichende Fachkenntnisse die Grundgedanken ihrer Anforderungen an ein System für ihre Auftragnehmer, die Entwickler, formulieren können. User-Stories sollen für alle Beteiligten des Projekts (Kunden und Entwickler) verständlich in Alltagssprache geschrieben werden, damit es bei der Kommunikation keine Verständnisschwierigkeiten gibt. Auf technische Details wird größtenteils oder gänzlich verzichtet. Eine User Story sollte im optimalen Fall mit wenigen Worten und Sätzen eine Anforderung eines Kunden auf den Punkt bringen. Sie sollte idealerweise innerhalb von wenigen Wochen[43] realisiert werden können.

2.6.2.1 Story Cards

User Storys werden üblicherweise auf Karteikarten, sogenannte **Story Cards**, geschrieben. Diese Karteikarten können neben den User Stories auch weitere Informationen wie z. B. das Risiko der User Story beinhalten. Für Story Cards gibt es keine vorgeschriebene Norm. Sie können im Vorfeld frei gestaltet werden.

Eine **Story Card** ist eine Karteikarte, die die Beschreibung genau einer User Story, sowie eventuell weitere Informationen enthält.

---

[43] Eine User Story kann anfänglich sehr groß sein. Wenn sie "näher" kommt, sollte sie so zerteilt werden, dass sie in wenigen Tagen umsetzbar ist. Schließlich sollen beispielsweise in einem Sprint von Scrum zur Produktion eines Systemfragments einige User Stories realisiert werden.

Eine Story Card repräsentiert somit eine User Story entweder auf

- **physische Weise** in Form von handgeschriebenen Karteikarten an einer Wand (Story-Wall) oder auf

- **virtuelle Weise** in Form von Requirement Management Tools oder Project Management Tools wie z. B. JetBrains YouTrack.

Klassischerweise werden Story Cards physisch auf dem Papier verfasst, aber auch Tools für virtuelle Story Cards können eine Alternative sein.

Physische Story Cards

Physische Story Cards sind handgeschriebene Karteikarten, auf denen User Stories und eventuell zusätzliche Informationen stehen. Initiator dieser Story Cards war Kent Beck im Jahr 1999 beim Projekt "C3 Payroll", das als Geburtsstunde von Extreme Programming gilt.

Eine mögliche Story Card konnte in Anlehnung an Kent Beck ursprünglich folgendermaßen aufgebaut sein:

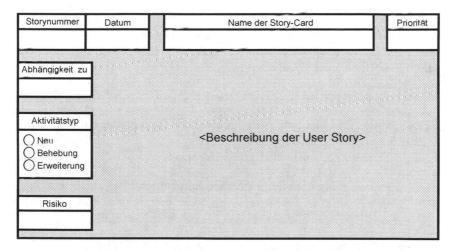

Bild 2-7 Aufbau einer anfänglichen Story Card in Anlehnung an Kent Beck

Beck empfahl damals, neben der User Story auf einer Story Card einige optionale Parameter hinzuzufügen.

Folgende Parameter waren laut **Kent Beck** empfehlenswert [Bec99]:

- **Aufgabenbeschreibung** – Möglichst präzise, leicht verständliche und kurze Beschreibung der User Story

- **Datum** – Erstellungsdatum der Story Card

- **Storynummer** (**Story Card ID**) – Fortlaufende Nummer zur Identifikation der Story Card

- **Aktivitätstyp** – Beschreibt die Art der Aufgabe, ob sie komplett neu ist, ein Fehler zu beheben ist oder eine Funktion zu erweitern ist.

- **Priorität** – Die Wichtigkeit, die der Stakeholder der Aufgabe zuordnet. Beispiel: Intervall von 1 – 10. 1: weniger wichtig, 10: sehr wichtig. Auch die Prioritätsvergabe der Entwicklung ist von Interesse.

- **Abhängigkeit** – Zeigt die Abhängigkeit zu einer anderen Story Card (über die Storynummer).

- **Funktionstest** – Funktioniert die Funktion?

- **Risiko** – Wie hoch sieht die Entwicklung das Risiko bei der Implementierung?

- **Aufwandschätzung** (der Entwicklung) – Die Entwickler schätzen ab, wie viel Zeit für die Aufgabe in Anspruch genommen wird.

- **Notizen** – Weitere Notizen der Stakeholder und/oder der Entwickler

- **Aufgaben-Nachverfolgung** – Die Entwickler können in einer Tabelle den Fortschritt der Aufgabe eintragen, damit jeder Projektbeteiligte den aktuellen Stand verfolgen kann.

Mittlerweile wird jedoch von so sehr aufwendigen Story Cards abgeraten. Ron Jeffries, einer der Mitbegründer von Extreme Programming, analysierte, dass derart komplexe Story Cards nicht den erhofften Nutzen haben und dass eine Story Card so einfach wie möglich gehalten werden sollte.

Es kann aber trotzdem projektspezifisch sinnvoll sein, bestimmte Informationen zusätzlich zur User Story auf einer Karte festzuhalten. Welche Parameter letztendlich auf eine Karte genommen werden, hängt von den Organisatoren des Planungsprozesses ab. Diese entscheiden, welche Parameter für das Projekt relevant sind.

Das folgende Bild gibt ein Beispiel für eine physische Story Card, wie sie idealerweise aufgebaut sein sollte:

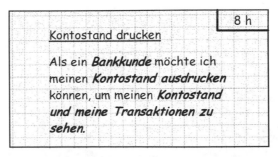

Bild 2-8 Beispiel für eine Story Card

Das ist eine minimale Form einer Story Card. Hier ist nur der Titel, die User Story und die geschätzte Arbeitszeit angegeben. Der Aufbau dieser minimalen Form wird in Kapitel 2.6.2.6 beschrieben.

Nachdem die Story Cards erstellt wurden, werden sie an einer Wand (sog. Story-Wall oder Story-Wand) bzw. auf Plakaten an einer Wand befestigt, um kategorisiert zu werden und um für alle Beteiligten sichtbar zu sein.

Das folgende Bild zeigt beispielhaft eine Story-Wall:

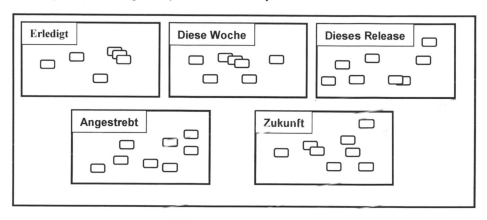

Bild 2-9 Beispiel für eine Story-Wall

Virtuelle Story Cards

Eine andere Möglichkeit, Story Cards zu verfassen, ist der digitale Weg über ein Software-Tool. Seit dem Projekt C3 Payroll im Jahre 1999 wurde eine Menge Projekt-Management-Tools (PM-Tools) entwickelt. Ziel solcher Tools ist es, die Arbeit der Softwareentwickler zu erleichtern und eine bessere Übersicht über ein Projekt zu verschaffen.

Mit Hilfe vieler solcher PM-Tools lassen sich Story Cards erstellen. Story Cards werden oftmals auch als Tickets bezeichnet. Jedes Ticket hat eine ID und kann auf ein anderes Ticket verweisen. Ein Ticket kann in verschiedene Kategorien verschoben werden (z. B. von dem Zustand "in Bearbeitung" in den Zustand "Behoben"). Da die Story Cards digital sind, werden die User Stories oftmals von allen Beteiligten diktiert und von einer Person in das PM-Tool übertragen. Im Idealfall können alle Beteiligten an einem großen Bildschirm/Projektor sehen, was bisher verfasst wurde. Ein großer Vorteil von digitalen Story-Walls ist, dass von jedem Beteiligten mit den nötigen Zugangsrechten die Stories (Tickets) am Bildschirm eingesehen und bearbeitet werden können.

Ein Beispiel-PM-Tool ist die browser-basierte Software YouTrack von JetBrains. Mit dem nötigen Zugriff kann jeder Projektbeteiligte Story Cards erstellen, bearbeiten, verschieben oder löschen. Das folgende Bild zeigt einen Ausschnitt einer Story-Wall des Tools YouTrack:

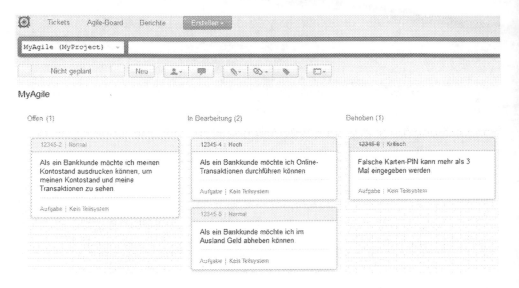

Bild 2-10 Ausschnitt einer Story-Wall im Tool YouTrack von JetBrains

2.6.2.2 Ermittlung von User Stories

Vor dem Aufstellen von User Stories muss als Voraussetzung der Kontext des zu betrachtenden Systems analysiert werden.

User Stories werden ermittelt:

- durch Gespräche mit den Nutzern,
- durch die Aufnahme der Tätigkeiten von Nutzern in der Praxis,
- mit Hilfe von Fragebögen,
- durch die Aufnahme von Altsystemen und
- in Story-Workshops.

2.6.2.3 Bestandteile einer User Story

Eine User Story hat drei Teile:

- eine knappe schriftliche **Beschreibung als Erinnerung**, Gespräche über die User Stories zu führen sowie diese zur Planung zu verwenden,
- **Gespräche** über die Stories zur Ermittlung von Details,
- Festlegung von **Akzeptanzkriterien**, die durch Akzeptanztests verifiziert werden, um die vollständige Umsetzung einer Story zu verifizieren.

Es gibt eine Merkregel von Ron Jeffries zu User Stories [ronref], und zwar die 3 C's:

- Card,
- Conversation und
- Confirmation.

Das bedeutet:

- Die Kurzbeschreibung einer User Story sollte auf eine **einzige Karte** passen. Sie sollte also kurz sein. Eine Karte kann oftmals nicht alle Informationen, die zu der entsprechenden Forderung gehören, enthalten. Der Text muss aber ausreichen, um die Forderung zu identifizieren.
- Der Fokus wird auf die Konversation gelegt – eine Story dient im Prinzip nur als Erinnerung zu kommunizieren. Eine Forderung wird durch Kommunikation vom Kunden zum Programmierer transportiert. Diese Kommunikation darf nicht abbrechen, insbesondere nicht bei der Aufwandsabschätzung. Die verbale Dokumentation **kann durch Dokumente ergänzt werden**.
- Eine Story sollte genau formulierte Bedingungen enthalten, wann sie als umgesetzt gilt (Akzeptanzkriterien). Dieses dritte C betrifft also den **acceptance test**, der im erfolgreichen Fall besagt, dass die Story korrekt implementiert und das Ergebnis akzeptiert wurde. **Akzeptanzkriterien** beantworten die Frage, was getestet werden soll, damit die Realisierung einer Story vom Kunden abgenommen wird.

2.6.2.4 Eigenschaften von User Stories

Positive Eigenschaften einer User Story sind nach Bill Wake [billwa] die sogenannten INVEST-Eigenschaften:

- **I**ndependent (unabhängig, die User Storys können in beliebiger Reihenfolge geliefert werden),
- **N**egotiable (verhandelbar, die Details einer Story werden durch Programmierer und Kunden während der Entwicklung verhandelt),
- **V**aluable (werthaltig für User oder Kunden),
- **E**stimatable (abschätzbar durch die Programmierer),
- **S**mall (klein, so dass eine Story innerhalb weniger Tage realisiert werden kann) und
- **T**estable (testbar).

User Stories sollen unabhängig in demjenigen Sinne sein, dass sie **unabhängig entwickelt** werden können.

So wie es bei Anwendungsfällen gemeinsame Sub-Anwendungsfälle gibt, kann es auch bei User Stories gemeinsame Sub-User Stories als Teile von User Stories geben. Werden solche Sub-User Stories inkludiert, so können die **inkludierten Sub-User Stories nicht getrennt entwickelt** werden, da sie für die **Lauffähigkeit** der entsprechenden User Story essentiell sind.

Das folgende Bild zeigt am Beispiel einer Bankanwendung, dass Anwendungsfälle voneinander abhängig sein können. In diesem **Beispiel** sind 4 verschiedene **Anwendungsfälle gekoppelt**, da sie alle den gemeinsamen Sub-Anwendungsfall "Kunden authentisieren" verwenden:

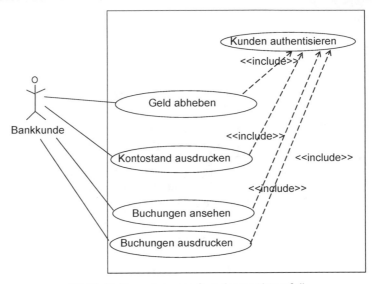

Bild 2-11 Gemeinsamer Sub-Anwendungsfall

Wird der Sub-Anwendungsfall "Kunden authentisieren" verändert, so sind 4 Anwendungsfälle betroffen.

2.6.2.5 User Stories als Planungsinstrument

> Eine User Story soll im festgelegten Zeitraum einer Iteration umgesetzt werden. Damit kann eine **User Story** als **Planungsinstrument** verwendet werden.

User Stories spielen eine große Rolle bei der **Planung** (**Aufwandsschätzung, Arbeitsgeschwindigkeit**). Anwendungsfälle werden nicht zu Planungszwecken verwendet. User Stories werden gerne in Story Points abgeschätzt. Welche Arbeitszeit ein Story Point tatsächlich bedeutet, kann man an Fallbeispielen durch das Studium der Arbeitsgeschwindigkeit (engl. velocity) des Entwicklungsteams messen.

> User Stories werden bewusst "klein geschnitten", damit sie in das Zeitraster einer Iteration passen.

Gegenüber einem Anwendungsfall mangelt es einer User Story oft an Kontextinformationen. Große Stories – beispielsweise einen kompletten Anwendungsfall mit allen Alternativen – nennt man auch **Epos**[44] (englisch **Epic**). Die Idee ist hier tatsächlich, dass ein Epos eben aus mehreren kleineren Geschichten besteht.

---

[44] Die Verwendung eines Epos erlaubt es, die Funktionaliät auf hoher Ebene zu betrachten.

2.6.2.6 Formulierung von User Stories

Der Hauptteil einer Story folgt oft der folgenden Schablone[45,46]:

```
Als <Rolle/Persona>
möchte ich <die folgende Funktion/das folgende Feature> haben,
um <den Mehrwert/das Ziel> XYZ zu erreichen.
```

Als Beispiel hierzu siehe Bild 2-8.

> Personas können – wie auch Rollen – dazu dienen, die Zielgruppe eines Systems zu modellieren. **Personas** repräsentieren konkrete Nutzer einer Rolle. Dabei sollten die verschiedenen Personas durch ihre verschiedenartigen Ziele voneinander abgegrenzt werden.

Es werden einige fiktive Personen geschaffen, die stellvertretend für die tatsächlichen Anwender stehen sollen. Hierbei wird versucht, einem "Repräsentanten" eines Teils der Zielgruppe einen Namen, ein Gesicht, ein Alter, einen persönlichen und evtl. sogar kulturellen Hintergrund zu geben. Schreibt man User Stories aus Sicht einer Persona, dann gibt man dem Entwickler die Chance, sich besser in die Anwenderseite hineinzudenken, als wenn er nur abstrakte Rollen verwendet. Zusammen mit der stattfindenden Konversation kann das oft zu besseren Lösungen führen, als man vorher hätte spezifizieren können.

Sogenannte **Proto-personas** sind eine Variante der typischen Personas mit dem wichtigen Unterschied, dass sie zunächst nicht das Ergebnis der Suche nach Usern sind. Stattdessen resultieren sie aus Brainstorming Workshops, bei denen die Firmenteilnehmer die Überzeugungen der Organisation aufgrund ihrer Geschäftskenntnisse und ihrem Verständnis formulieren im Hinblick darauf, wer das Produkt benutzen oder bedienen wird und aus welchem Grund. Proto-personas sind für eine Organisation der Startpunkt, um zu beginnen, ihre Produkte zu bewerten und einige frühe Design-Hypothesen zu erzeugen. Sie helfen, dass die Sicht des Kunden ins Bewusstsein der Firma rückt und in die strategische Planung eingeht. Dies gilt besonders dann, wenn die Schöpfer der Proto-personas in der Position sind, die strategische Ausrichtung der Firma zu beeinflussen. [umupea]

Insgesamt geht es also um die Frage, welche Funktionalität das Produkt zur Verfügung stellt, um die Ziele bestimmter Personas, Proto-personas oder Rollen zu erfüllen.

> **User Stories** sind **keine niedergeschriebene Form von Anforderungen**.

Vorsicht!

User Stories sind Diskussionen zur Lösung von Problemen des zukünftigen Systems, die zu einer Übereinstimmung führen, was man bauen soll [Pat14].

---

[45] Diesem Muster darf nicht sklavisch gefolgt werden. Es gibt es auch nicht-funktionale Forderungen.
[46] Das Pattern "As a ... I want ... to ..." wurde bei der Firma Connextra entwickelt und wird vor allem Rachel Davies zugeschrieben

Bei einer User Story kommen zum identifizierenden Kurztext ferner noch

- Hinweise,
- Randbedingungen (Einschränkungen) sowie
- Akzeptanzkriterien

hinzu.

Akzeptanztests sollen die Akzeptanzkriterien erfüllen. Diese Kriterien müssen vom Kunden getragen werden, da schließlich der Kunde das entstandene Produkt abnehmen soll. Deshalb sollten die Akzeptanzkriterien in Gesprächen mit dem Kunden ermittelt werden.

2.6.3 User Stories im Vergleich zu Anwendungsfällen

Im Folgenden wird der Zusammenhang zwischen User Stories und Anwendungsfällen betrachtet.

Die minimale Schablone für eine User Story ist nur ein erster Einstieg in eine User Story oder in einen Anwendungsfall, letztlich in die Spezifikation einer Leistungserbringung. Es ist ein einfacher Satz, dass die entsprechende Funktion benötigt wird. Das ist aber natürlich nur ein Anfang. Hinter jeder Funktion steckt ein Ablauf mit einem bestimmten Ziel. Das Ziel ist bei einer User Story vom Prinzip her dasselbe wie bei einem Anwendungsfall, nämlich das erwartete Ergebnis.

Eine vollständige Spezifikation kostet Zeit und veraltet, wenn der Kunde im Laufe der Zeit andere Ziele setzt. Daher ist es grundsätzlich gut, wenn Kunde und Entwickler die User Stories gemeinsam entwickeln und ggf. gemeinsam auf das Wesentliche reduzieren.

> Eine User Story wird so zurechtgeschnitzt, dass sie aus planerischen Gründen in die Time-Box einer Iteration passt. Man kann die erste User Story als einen Schnellschuss betrachten, der aber iterativ in Zusammenarbeit der Entwickler mit den Kunden auf Basis der demonstrierten Ergebnisse ergänzt und verbessert wird, bis die User Story den Anforderungen genügt.

Man muss damit rechnen, dass bei einer agilen Vorgehensweise zunächst nur Teilstücke der gewünschten Abläufe gefunden werden.

Bei übereinstimmendem Ziel für einen Anwendungsfall und einer User Story bzw. einer Folge von User Stories können bei der Verwendung von User Stories nur alternative Teile entfallen, nicht aber sequentielle Teile einer Verarbeitungskette, die für die Erbringung des Ergebnisses des Basisablaufs eines Anwendungsfalls erforderlich sind. Eine User Story ist damit ein Subset eines Anwendungsfalls **ohne nicht erforderliche Alternativen**.

2.6.3.1 Leichtgewichtigkeit versus Schwergewichtigkeit

Eine User Story ist ein **leichtgewichtiges Dokument**. Es sollte auf eine einzige Karte geschrieben werden können. Die Kurzbeschreibung einer User Story umfasst nicht alle Details. Ein Anwendungsfall ist ein **schwergewichtiges Dokument**. Er umfasst den Basisablauf und alternative Abläufe. Ein Anwendungsfall stellt eine formale Spezifikation dar.

2.6.3.2 Archivierung

Als Spezifikation lebt ein **Anwendungsfall permanent**, solange das Produkt entwickelt und gewartet wird. **Stories** leben **transient** während der Dauer des Iterationsschritts, in welchem sie zur Software hinzugefügt werden. User Stories werden nicht archiviert.

Anwendungsfälle stellen Anforderungsspezifikationen dar. Sie werden daher möglichst vollständig beschrieben. Sie werden archiviert. Eine User Story ist keine Spezifikation, sondern dient nur als Aufhänger, um **Gespräche** über Anforderungen zu führen, die **umgesetzten Systemfragmente abzunehmen** und um die Realisierung von **neuen Systemfragmenten in Zeitscheiben einzuplanen**.

Die Stories dienen nicht als Dokumentation oder gar als Vertrag, sondern vielmehr als Erinnerung an einen Gesprächsbedarf. Eine User Story ist nur ein Mittel zum Zweck.

2.6.3.3 Konvergenz einer User Story zum Kern eines Anwendungsfalls

Da mit den Kunden diskutiert wird, welche Aufgaben die Nutzer des Kunden durchführen wollen, ist die Annahme vernünftig, dass zumindest die richtigen Arbeitsschritte gefunden werden. Die richtigen Sequenzen von Teilschritten müssen formuliert werden, sonst würde das Ziel, das für einen Anwendungsfall und für die entsprechenden User Stories identisch sein sollte, nicht erreicht.

Gegenüber einem Anwendungsfall können bei einer User Story gewisse Alternativen im Basisablauf und gewisse Alternativabläufe als Fehlerfälle der Anwendung oder verursacht durch technische Probleme fehlen. Wenn der Kunde solche Alternativen nicht anfordert, scheinen diese Fälle für ihn nicht relevant zu sein.

Fehlerfälle aufgrund technischer Probleme

- können ärgerlich werden,
- können eine großen Sachschaden verursachen oder
- sogar eine Gefahr für Leib und Leben bedeuten.

Das technisch geschulte Entwicklungsteam muss den Kunden unbedingt auf technische Fehlerfälle hinweisen. Kunde und Entwickler sollten sich in einem fortlaufenden Dialog befinden. Die Kompetenz des Kunden im Problembereich und die Kompetenz der Entwickler im technischen Bereich sind zu verschmelzen, um ein gutes System zu bauen.

Letztendlich kann man mit einer (ggf. wegen ihrer Größe zerlegten) User Story als einem Mittel der Planung für eine einzige Iteration beginnen. Im Projektverlauf muss man durch weitere Iterationen die Vollständigkeit der tatsächlich benötigten Ablaufsequenz erreichen. Da man nicht spezifikationsorientiert arbeitet, entspricht der Umfang der entsprechenden Dokumentation[47] aber nur dem wirklich Erforderlichen.

Die Zahl der betrachteten Alternativen innerhalb eines Basisablaufs und der zu berücksichtigenden Fehler in der Anwendung selbst muss der Kunde entscheiden, da er seine Domäne am besten kennt. Die durch technische Fehler verursachten Alternativen müssen vom Entwicklungsteam aufgezeigt werden. Die Lösung dieser Probleme ist im Dialog mit dem Kunden zu finden.

Letztendlich kann eine User Story als Planungseinheit für eine Zeitscheibe verwendet werden. Es ist vorstellbar, dass eine Kette von Teilschritten eines Anwendungsfalls in mehreren Zeitscheiben mit jeweils einer eigenen User Story realisiert wird. Alternativen der Anwendung ohne signifikanten Nutzen werden beim Einsatz von User Stories durch die Mitwirkung des Kunden vermieden. Für Alternativen, die durch technische Fehler verursacht werden, trägt das Entwicklungsteam die Verantwortung.

2.7 Ausprägungen der Entwicklungsschritte

In jedem Projekt durchläuft das zu entwickelnde Stück Software die folgenden Entwicklungsschritte:

- Anforderungen aufstellen bzw. Steuerung über den Kundennutzen[48]
- Problembereich analysieren und modellieren,
- entwerfen,
- programmieren,
- testen[49] und
- integrieren.

Diese Entwicklungsschritte überlappen sich zeitlich[50] und werden in der Regel iterativ durchgeführt. Im Fehlerfall muss man zu früheren Entwicklungsschritten zurückkehren.

Wenn man die **Anforderungen** des Kunden nicht beachtet, verfehlt man das Ziel des Projektes. Ohne die Kundenanforderungen zu analysieren und sich ein logisches

---

[47] Generell soll dokumentiert werden, was hilfreich ist. Dokumentieren sollte jedoch nicht die Hauptaufgabe sein oder anfangen zu behindern.

[48] Formale Anforderungen werden in der spezifikationsorientierten Welt verwendet. Formale Anforderungen treten in der agilen Welt in den Hintergrund. Dort gibt meist der Kundennutzen das Ziel vor.

[49] TDD zieht Komponententests nach vorne und verringert somit den Feedback-Zyklus extrem. Funktionstests können jedoch erst erfolgen, wenn eine Funktion vorliegt.

[50] Eine Ausnahme ist das sequenzielle Wasserfallmodell (Baselinemanagement-Modell). Siehe hierzu Kapitel 3.1.1.1.

Modell der Verarbeitung im Entwicklungsschritt **Analyse**[51] auszudenken, fehlt die Grundlage für den **Entwurf**, der unter Einschluss aller Funktionskategorien die statische und dynamische Programmstruktur festlegt und mit seiner Architektur den Bauplan für das zu schreibende Programm darstellt. Das **implementierte** Programm wird **getestet**, um dessen Qualität festzustellen und ggf. noch zu verbessern.

In den Kapiteln 2.7.1 bis 2.7.6 werden die einzelnen Schritte der Entwicklung für ein einfaches System, das nicht über mehrere Ebenen hierarchisch in Teilsysteme zerlegt werden muss, im Überblick vorgestellt.

2.7.1 Anforderungen aufstellen bzw. Steuerung über den Kundennutzen

In Abstimmung mit dem Kunden werden in der **spezifikationsorientierten Welt** die Anforderungen aufgestellt. Diese Anforderungen sollen nach Möglichkeit technologieunabhängig sein, damit der Auftraggeber nicht die Verantwortung für die zu liefernde Einheit übernimmt und damit der Auftragnehmer die beste Technologie ermitteln kann. Die Anforderungen sind in der Regel abstrakt. Es steht dann grundsätzlich noch nicht fest, ob die Forderungen durch Hardware oder Software umgesetzt werden.[52]

Zu Beginn eines Projektes können oft nicht alle Anforderungen gefunden werden, die Einfluss auf die Architektur haben. Dann droht eine Überarbeitung der Architektur. Vorsicht!

Beim Erstellen der Anforderungsspezifikation befasst man sich sowohl mit funktionalen als auch mit nicht-funktionalen Anforderungen.

In der **agilen Welt** versucht man, durch Gespräche mit dem Kunden herauszufinden, welche Features für den Kunden den größten Nutzen versprechen, um diese zu realisieren.[53] Diese Features werden dann nacheinander realisiert. Die Anforderungen an die noch zu realisierenden Produkte können problemlos solange noch verändert werden, bis das entsprechende Produkt in Produktion geht.

---

[51] Eine grobe Einteilung der Analyse ist: Überprüfung der Anforderungen auf Konsistenz, die Definition der Systemgrenzen und der Leistungen des Systems sowie die logische Modellierung des Systems.

[52] Solche Vorgaben können in Form von Anforderungen als Einschränkungen des Lösungsraums erhoben werden.

[53] Wenn man den Nutzen durch Schätzen quantifiziert, so kann man ihn durch den geschätzten Aufwand teilen. Damit erhält man den geschätzten Nutzen pro verbrauchte Geldeinheit. Damit hat man die Möglichkeit, solche Funktionen zu priorisieren, die wirtschaftlich sind und eine return on investment versprechen.

2.7.2 Analyse

Eine grobe Einteilung der Analyse ist:

1. Überprüfung der Anforderungen an das betrachtete Produkt[54] auf Konsistenz (Widerspruchsfreiheit) bzw. der Kundenwünsche auf Konsistenz,
2. Festlegung der Grenzen des Produkts,
3. Modellierung des betrachteten Produkts.

Diese Schritte werden im Folgenden detailliert vorgestellt:

- **Überprüfung der Anforderungen an das betrachtete System bzw. der Kundenwünsche an ein Produkt auf Konsistenz**

  In diesem Schritt werden zunächst die Kundenvorgaben auf Konsistenz überprüft. Im Rahmen der Konsistenzprüfung muss durchleuchtet werden, wo Änderungen erforderlich sind.

- **Definition der Grenzen des Produkts**

  Die Grenzen des zu realisierenden Produkts müssen abgesteckt werden. Es muss entschieden werden, was im Rahmen des Projekts zu realisieren ist und was nicht zum Produkt gehört. Die einzelnen Leistungen, die das Produkt erbringen soll, müssen festgehalten werden.

- **Modellierung des betrachteten Produkts**

  Das betrachtete Produkt ist technologieunabhängig und damit auch unabhängig von den physischen Randbedingungen der technischen Lösung wie der Verwendung eines Betriebssystems, eines Datenbankmanagementsystems oder nebenläufiger Betriebssystem-Prozesse. Man spricht auch von der Modellierung der Essenz, vom Erstellen des Fachkonzeptes oder von der Modellierung der Logik. Modelliert werden u. a. die Wechselwirkungen der verschiedenen Objekte der betrachteten Einheit.

2.7.3 Entwurf

Die Essenz der betrachteten Einheit in einer idealen Welt muss in den Bauplan für ablauffähige Programme der realen Welt umgesetzt werden.

Beim Entwurf kommt beispielsweise auch die Abbildung der Essenz auf verteilte Rechner und nebenläufige Betriebssystem-Prozesse oder Threads ins Spiel. Darüber hinaus ist der Einsatz von Standard-Software zum Beispiel für die Kommunikation über ein Netz oder zur Speicherung der Daten in Datenbanken mit Hilfe eines Datenbankmanagementsystems zu betrachten.

Da der Entwurf von den Möglichkeiten der eingesetzten Standard-Software wie Betriebssystem, Datenbankmanagementsystem, Netzwerksoftware oder dem Werkzeug für die Generierung der Dialoge der Mensch-Maschine-Schnittstelle abhängt,

---

[54] Das betrachtete Produkt kann ein Gesamtsystem oder eine Komponente eines Gesamtsystems sein.

muss die Entscheidung über die einzusetzende Technologie gefällt werden, ehe man zu programmieren beginnt.

> Der Entwurf befasst sich mit der Umsetzung der Ergebnisse der Analyse in eine ablauffähige Programmstruktur, d. h. in eine Architektur.[55]

2.7.4 Programmierung

Das entworfene System wird realisiert. In der Softwareentwicklung wird Programmierung auch als Implementierung bezeichnet.

2.7.5 Test & Integration

Die realisierten Programme müssen getestet und integriert werden. Die Testfälle sind auf Grund der Spezifikation für die betrachtete Einheit zu erstellen. Sie sollten in der spezifikationsorientierten Welt bereits beim Aufstellen der Anforderungen formuliert werden. Die richtige Auswahl an Testfällen – sowohl qualitativ als auch quantitativ – ist entscheidend für das Finden von Fehlern.

Bei den **agilen Methoden** ist es auf Grund der zahlreichen Iterationen besonders empfehlenswert, von Anfang an die Schnittstellen testgetrieben zu entwickeln und entstandene Tests automatisiert und kontinuierlich auszuführen. Ein Funktionstest bei Vorliegen des entsprechenden Moduls reicht nicht aus. Es müssen auch die Funktionen des Systems getestet werden, da sich diese meist über mehrere Module erstrecken.

2.7.6 Abnahme

Bei der Abnahme eines Produkts wird – in der Regel beim Kunden – getestet, ob das betrachtete Produkt mit den Wünschen des Kunden übereinstimmt und die Erwartungen des Kunden erfüllt. Nach der Abnahme gehen die Programme in den Betrieb und damit auch in die Wartung.

---

[55] Mit der Architektur wird aber schon vor dem Entwurf begonnen.

Kapitel 3

Historische Entwicklung der Vorgehensmodelle

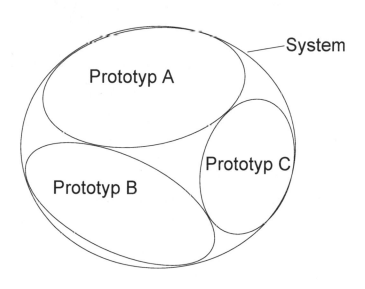

3 Historische Entwicklung der Vorgehensmodelle

Die verschiedenen Tätigkeitsschritte der Entwicklung wie "Anforderungen aufstellen" bzw. "Kundenwünsche erfassen", analysieren, entwerfen etc. können sich heutzutage bei der Entwicklung eines Software-Produkts überlappen. Überdies werden beim Einsatz von agilen Methoden keine kompletten Systeme, sondern Bruchstücke von Systemen iterativ realisiert. Dabei hat man das Ziel und auch das entsprechende Problem, dass die Gesamtzahl der Bruchstücke dann in der Tat das gewünschte System ergibt. Bei der Entwicklung dieser Teilstücke kommen alle Entwicklungsschritte iterativ und überlappend für jedes einzelne realisierte Teilstück zum Einsatz.

Man muss heutzutage in der Entwicklung scharf zwischen den Tätigkeitsschritten der Entwicklung und sogenannten Projektphasen, die zeitlich geordnete Abschnitte im Projekt darstellen, unterscheiden. Das war in den Anfängen des Wasserfallmodells natürlich ganz anders.

Projektphasen braucht man nach wie vor, schon um Meilensteine im Projekt definieren zu können. **Meilensteine** charakterisieren präzise organisatorisch definierte Fertigstellungstermine bestimmter Erzeugnisse. Entwicklungsschritte, die vor einem Meilenstein geplant sind, finden aber auch nach Meilensteinen statt, insbesondere dann, wenn man inkrementell entwickelt, d. h. ein Teil des Systems nach dem anderen ausliefert. Streng gesehen kann man nie fertig werden, da sich die Anforderungen an ein Produkt im Laufe der Zeit ändern. Ein Ende einer Projektphase muss deshalb nach bestimmten organisatorischen Kriterien definiert werden.

Das folgende Bild zeigt die üblichen Entwicklungsschritte

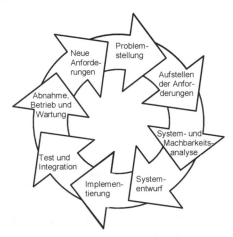

Bild 3-1 Übliche Entwicklungsschritte[56]

---

[56] Die im Bild dargestellte Machbarkeitsanalyse soll aus Aufwandsgründen in diesem Buch nicht detailliert werden.

Die verschiedenen Vorgehensmodelle können in die Gruppen spezifikationsorientiert, prototyporientiert oder agil eingeteilt werden:

- **Spezifikationsorientierte Entwicklung**

  Eine **spezifikationsorientierte Entwicklung** ist voll **durchgeplant** (siehe Kapitel 3.1).

Die Planung einer spezifikationsorientierten Entwicklung setzt voraus, dass das Gesamtsystem nicht in Teilen, sondern am Stück spezifiziert und erst dann realisiert wird.

- **Prototyporientierte Entwicklung**

  Bei einer prototyporientierten Entwicklung (siehe Kapitel 3.2) verliert die Planung ihren Stellenwert und das Produkt – nicht seine Beschreibung – tritt in den Vordergrund. Die Lieferfristen sind zwar kürzer als bei einem geplanten Vorgehen, sind aber, wenn ein Prototyp Ähnlichkeit zu dem gedachten System haben soll, immer noch relativ lang.

- **Agile Entwicklung**

  Bei einer agilen Entwicklung (siehe Kapitel 3.4) ist die Kundenbeziehung besonders wichtig, der Prozess ist adaptiv und die Lieferfristen sind wenige Wochen. Bei einer agilen Entwicklung werden jeweils nur Bruchstücke des zu liefernden Systems als potentiell lauffähige Produkte geliefert. In ihrer Gesamtheit sollen die vielen Bausteine am Ende des Projekts das gewünschte System ergeben. Wegen der iterativen Auslieferung von jeweils kleinen Teilen des Systems braucht man scheinbar für jede Teillieferung jeweils nur die Anforderungen für die zu liefernden kleinen Teile zu kennen.[57]

Das heißt, agile Ansätze verfolgen die Technik, Anforderungen zu partitionieren. Die Anforderungen für später zu liefernde Teile brauchen erst später festzustehen.[58]

Agile Entwicklung bedeutet nicht, dass nicht dokumentiert wird. (Vorsicht!)

Der agile Ansatz verzichtet bewusst auf einen Großteil der Dokumente. Es gibt aber keinen Zweifel daran, dass auch da ein Mindestmaß an gültigen Dokumenten abgestimmt werden muss, wenn die Software eines Systems wartbar sein soll. Das gilt für jedes Vorgehensmodell. Andererseits hat man bei der Erzeugung einer zu

---

[57] Das ist ein heikles Spiel. Bevor man loslegt zu programmieren, sollte die Architektur bestmöglich bekannt sein.

[58] Natürlich besteht bei diesem Ansatz das große Risiko, dass am Schluss nicht das erhoffte System resultiert.

großen Zahl an Dokumenten generell das Problem, alle Dokumente aktuell zu halten. Dies ist schlichtweg unmöglich, wenn zu viele Dokumente generiert wurden.

Nach der Vorstellung verschiedener Vorgehensmodelle zur spezifikationsorientierten, geplanten Entwicklung in Kapitel 3.1 wird die prototyporientierte Entwicklung in Kapitel 3.2 vorgestellt. Ein Spiralmodell erlaubt es, bei jedem Durchgang das Vorgehensmodell für die Entwicklung eines kompletten Systems auszutauschen (siehe Kapitel 3.3). Die agile, inkrementelle Softwareentwicklung in Kapitel 3.4 befasst sich mit der iterativen Entwicklung eines Systems aus verschiedenen Teilen. Sie hat das Ziel, dass die Auslieferungen zum gewünschten System konvergieren. Kapitel 3.5 diskutiert die Fortschritte, welche die im Laufe der Zeit entstehenden Vorgehensmodelle mit sich brachten. In Kapitel 3.6 werden Kriterien für die Wahl eines Vorgehensmodells diskutiert.

3.1 Spezifikationsorientierte Entwicklung kompletter Systeme

In der spezifikationsorientierten Entwicklung betrachtet man erstens die Erstellung eines Systems und nicht seine Komposition aus Bruchstücken, die in ihrer Gesamtheit dann das gewünschte System ergeben sollen, und zweitens wird vor der Realisierung des Systems das gesamte System fachlich durchgeplant. Die Dokumentation wird projektbegleitend und schrittweise erstellt. Sie nimmt einen hohen Stellenwert ein.

Das folgende Bild zeigt schematisch die Wirtschaftlichkeit der Spezifikation der Anforderungen [Red00]:

Bild 3-2 Wirtschaftlichkeit der Spezifikation der Anforderungen

Eine gute Dokumentation führt zu weniger Fehlern. Mit den ersparten Kosten kann die Dokumentation teilweise finanziert werden. Es ist aber vollkommen klar, dass eine spezifikationsorientierte Entwicklung heutzutage in sehr vielen Fällen einfach viel zu lange braucht. Ist das System dann endlich erstellt, ist es bei der Fertigstellung meist in Teilen bereits schon veraltet.

Im Folgenden soll auf die grundlegenden Konzepte des Wasserfallmodells und des V-Modells, die beide spezifikationsorientiert sind, eingegangen werden.

3.1.1 Wasserfallmodell

Das erste bedeutende Vorgehensmodell der Informatik war das Wasserfallmodell. Bei einem Wasserfallmodell wird die Entwicklung eines **Systems am Stück und nicht scheibchenweise** betrachtet. Die Entwicklung eines Systems findet nach dem Wasserfallmodell in sogenannten "Phasen" statt, die Entwicklungsschritten des Systems entsprechen. Dabei ist der Output einer Phase der Input der nächsten Phase. Man spricht von einem Phasenmodell[59].

Wasserfallmodelle wurden durch Boehm [Boe76] berühmt. Eingeführt wurden sie durch Royce [Roy70]. In der Literatur gibt es zwei grundlegende Varianten von Wasserfallmodellen:

- das sogenannte **Baseline Management-Modell,** ein sequenzielles Wasserfallmodell ohne Rückführschleifen, und
- das Wasserfallmodell mit Rückführschleifen.

3.1.1.1 Baseline Management-Modell

Das folgende Bild zeigt die Grundform eines sequenziellen Wasserfallmodells:

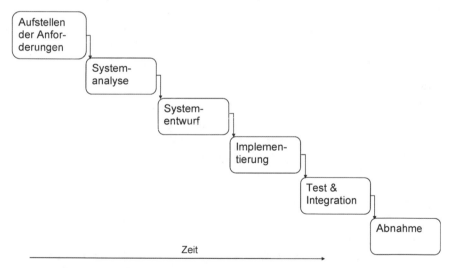

Bild 3-3 Grundform eines Wasserfallmodells ohne Machbarkeitsanalyse

Dieses Bild zeigt die **Entwicklungsschritte**:

- Aufstellen der Anforderungen,
- Systemanalyse,
- Systementwurf,

---

[59] Es gibt eine Vielzahl von Phasenmodellen, die sich vor allem in der Bezeichnung der verschiedenen Phasen unterscheiden.

- Implementierung,
- Test & Integration und
- Abnahme,

welche gleichzeitig **Phasen** darstellen.

Die Pfeile im Bild sollen zum Ausdruck bringen, dass die Ergebnisse einer Phase das Ausgangsmaterial und damit die Voraussetzung für den Start der nächsten Phase darstellen.

> Das Ergebnis **einer Phase** stellt die Eingabe **der nächsten Phase** dar.

Diese kann nur dann begonnen werden, wenn ihre Eingaben vorliegen. Ein solch streng sequenzielles Modell für die Entwicklungsschritte erinnert in seiner Form an einen Wasserfall. Daher heißen solche Phasenmodelle auch **Wasserfallmodelle**.

Ein Wasserfallmodell, das eine strenge Sequenzialität der Entwicklungsschritte mit Qualitätsprüfungen an den Phasengrenzen aufweist, wird auch als Baseline Management-Modell bezeichnet.

> Ein **Baseline Management-Modell** ist ein sequenzielles Wasserfallmodell ohne Rückführschleifen.

> Am Ende einer jeden Phase wird das Ergebnis überprüft. Ist die Qualität des Ergebnisses einer Phase in Ordnung, so wird die nächste Phase freigegeben. In den nächsten Entwicklungsschritt darf aber erst gegangen werden, wenn eine ausreichende Qualität des Ergebnisses erreicht ist.

Bestehen noch Probleme infolge von entdeckten Fehlern oder von Änderungswünschen, so wird nicht zur nächsten Phase weitergegangen.

> Eine **Projektphase des Baseline Management-Modells** ist ein Zeitabschnitt eines Projektes, in welchem sich alle Entwickler mit demselben Entwicklungsschritt befassen.

> Eine jede Projektphase muss das entsprechende Ergebnis – das **Phasenergebnis** – liefern.

Das Baseline Management-Modell hat den Nachteil, dass es viel zu viel Zeit verbraucht. Ein Warten, bis alle Ergebnisse eines Entwicklungsschritts vorliegen, dann die Prüfung der Ergebnisse und anschließend die Freigabe der nächsten Phase ist natürlich ein Idealzustand, aber selbstverständlich graue Theorie. Denn Warten kostet Zeit und Zeit kostet Geld. Deshalb ist es in der Regel unumgänglich, dass sich verschiedene Arbeitsgruppen eines Projektes mit Arbeitspaketen aus verschiedenen Phasen befassen können. Dennoch wird man versuchen, die Ergebnisse einer Projektphase geordnet – entweder auf einmal oder in Schritten – zu überprüfen und freizugeben. Nachfolgend wird auf die Vor- und Nachteile des Baseline Management-Modells eingegangen.

Ein Wasserfallmodell in der Variante eines Baseline Management-Modells hat die folgenden **Vorteile**:

- Die im Modell aufgeführten Entwicklungsschritte sind tatsächlich notwendig.
- Die Reihenfolge der Entwicklungsschritte ist richtig.
- Es gibt keine Phase Systemdokumentation. Die Dokumentation wird projektbegleitend erstellt.

Ein Wasserfallmodell in der Variante eines Baseline Management-Modells hat die folgenden **Nachteile**:

- Das Gesamtprojekt wird synchron abgearbeitet, d. h., alle Entwickler arbeiten stets in derselben Phase und im selben Entwicklungsschritt der Bearbeitung des Gesamtsystems.
- Die Codierung kommt erst sehr spät.
- Das Risiko ist sehr hoch, da Fehler in den Anforderungen, bei Systemanalyse und im Entwurf häufig erst bei der Integration entdeckt werden.
- Es dauert einfach zu lange, bis das System entwickelt ist. Ist es entwickelt, so ist es leider in Teilen meist schon veraltet.

Ein Wasserfallmodell in der Variante eines Baseline Management-Modells hat folgende **behebbare Unzulänglichkeiten**:

- Veränderten Anforderungen im Projekt kann zunächst nicht Rechnung getragen werden. Die Abhilfe erfolgt durch das Einführen von Rückführschleifen in frühere Phasen. Dadurch werden auch **Zyklen** möglich.
- Die Wartung ist nicht im Modell enthalten. Die Abhilfe erfolgt durch eine Rückführschleife von der Abnahme zur Erstellung der Anforderungsspezifikation. Eine Wartung ist auch eine Entwicklung, nur meist nicht mehr mit dem ursprünglichen Entwicklerteam.
- Komplexe Systeme können nicht auf einmal spezifiziert werden. Die Abhilfe erfolgt durch den rekursiven Einsatz von Entwicklungsschritten. Dabei werden nach dem Entwurf eines Knotens einer Ebene des Systems wieder Anforderungen an die Produkte der Zerlegung, die sogenannten **Zerlegungsprodukte**, und ihre Verbindungen aufgestellt.

> Betrachtet und bearbeitet wird beim sequentiellen Wasserfallmodell in jeder Phase das **Gesamtsystem**.

Der große Fortschritt des sequenziellen Wasserfallmodells war:

- Die im Modell aufgeführten Entwicklungsschritte sind tatsächlich notwendig. Diese Entwicklungsschritte gelten auch dann noch, wenn man agil nur kleine Systemteile entwickelt.
- Die Reihenfolge der Entwicklungsschritte ist richtig.
- Es gibt keine Phase Systemdokumentation. Die Dokumentation wird projektbegleitend erstellt.

3.1.1.2 Wasserfallmodelle mit Rückkehr in frühere Phasen

Kommen zu der erwähnten Grundform des Baseline Management-Modells noch rückwärtsgerichtete Pfeile, die sogenannten Rückführschleifen, hinzu, so handelt es sich um ein **Wasserfallmodell mit Rückführschleifen**. Ein solches ist in folgendem Bild zu sehen:

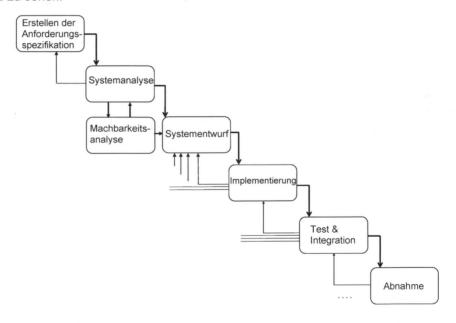

Bild 3-4 *Wasserfallmodell mit Rückführungspfeilen in frühere Phasen und mit Mach-barkeitsanalyse*

Bei Rückführschleifen entfällt die Zeitachse, da man ja in der Zeit nicht rückwärts laufen kann. Rückführschleifen sind ein zeichnerisches Mittel, um ein Verschmieren der scharfen Grenze zwischen den Entwicklungsschritten darzustellen.

Natürlich kommt ein sequentieller Projektverlauf für ein gesamtes Team allerhöchstens in den Träumen der Projektleiter vor.

Fehler, Änderungen und die Suche nach besseren technischen Lösungen erzwingen ein Zurückgehen in frühere Entwicklungsschritte.

Gegebenenfalls muss in den direkt davor liegenden Entwicklungsschritt oder auch in weiter davor liegende Entwicklungsschritte zurückgegangen werden, um die Probleme zu beheben.

Der Software-Entwicklungsprozess ist beim Wasserfallmodell mit Rückführschleifen also keine Folge von sequenziell zu durchlaufenden Entwicklungsschritten.

Wegen der Übersichtlichkeit sind in Bild 3-4 nicht alle theoretisch möglichen Rückführungspfeile eingezeichnet. Bilder mit Rückführungspfeilen gelten auch als Wasserfallmodelle. Damit der "Wasserfall" besser erkennbar ist (Wasser fließt den Berg herab, nicht hinauf), sind in Bild 3-4 die Übergänge in die nächsten Entwicklungsschritte fett, Rückführungspfeile in frühere Entwicklungsschritte fein gezeichnet.

In der Literatur findet man oft auch Wasserfallmodelle, bei denen die Rückführungspfeile nur direkt in die jeweils direkt davor liegenden Entwicklungsschritte gehen. Damit sehen die Bilder besser aus, die Rücksprünge in weiter zurückliegende Entwicklungsschritte sind einfach aus optischen Gründen nicht eingezeichnet.

Betrachtet wird beim "Wasserfallmodell mit Rückführungspfeilen" in Vorwärtsrichtung die Entwicklung des Gesamtsystems. Durch die Rückführungspfeile kann man im Fall von Änderungsvorhaben, Fehlern oder Verbesserungsvorschlägen in eine frühere Phase zurückkehren.

Der große Fortschritt des sequenziellen Wasserfallmodells mit Rückführschleifen war aus historischer Sicht:

- Ein Zurückgehen in frühere Phasen ist möglich. Damit sind Iterationen erlaubt.

3.1.2 Das V-Modell

Das Vorgehensmodell der Bundesbehörden, das sogenannte V-Modell [V-M92, V-M97, V-M09], stellt eine generalisierte Organisationsrichtlinie für ein Entwicklungs-Projekt dar. Es betrachtete die Realisierung ganzer Systeme und brachte dabei den großen Fortschritt, dass man sich Gedanken um die **Realisierung komplexester Systeme** machte, bei denen **mehrstufig zerlegt** wird.

Das V-Modell in seiner ursprünglichen Version beschreibt [V-M92], wie die Software als Bestandteil eines **Systems** zu entwickeln ist, nicht jedoch, wie die Hardware (HW) zu entwickeln ist. Die bei den jeweiligen Entwicklungsaktivitäten erforderlichen Schnittstellen zur HW-Entwicklung wurden jedoch berücksichtigt. Der Grund, warum es zunächst nur für die Entwicklung von Software ein Vorgehensmodell gab, ist, dass die Entwicklung von Software, die als Produkt eigentlich "unsichtbar" ist und sich nur in den Reaktionen eines Systems zeigt, das größere Problem darstellt.

Das V-Modell behandelt die Erstellung eines komplexen Systems, das mehrfach zerlegt werden muss, bis es letztendlich implementiert und integriert wird. Es wird festgelegt, welche Aktivität für ein bestimmtes, abstraktes Zerlegungsprodukt auf einer bestimmten Ebene welche Art von Ergebnis als Produkt hervorbringen soll.

Das Vorgehensmodell der Bundesbehörden **regelt** während des Software-Entwicklungsprozesses und der Software-Pflege bzw. Software-Änderung für eine Projektschablone

- die Gesamtheit aller Aktivitäten[60] und Produkte[61] sowie
- die Produktzustände und logischen Abhängigkeiten zwischen Aktivitäten und Produkten.

Dabei legt es auch die **Inhaltsstrukturen**[62] derjenigen Produkte fest, die Dokumentationen darstellen, d. h., es legt fest, welche Kapitelüberschriften in welchem Dokument vorkommen sollen.

Das V-Modell legt fest:

- welche **Rollen** es gibt (Software-Erstellung, Qualitätssicherung, Konfigurationsmanagement, Projektmanagement),
- welche Rolle welche **Aktivitäten**[63] durchzuführen hat, d. h., welche Rolle welche Arbeitspakete zu erledigen hat, und welches Produkt das Ergebnis einer Aktivität ist,
- wie die **Aktivitäten** vernetzt sind, d. h., welche Aktivitäten auf welchen anderen aufbauen und deren Ergebnis als bereits vorhanden voraussetzen und
- wie die **Inhaltsstrukturen von textuellen Ergebnissen** (**Produkten**) aussehen, d. h., in welchem Dokument welche Kapitel stehen müssen.

3.1.2.1 Hierarchische Systeme

Bei komplexen Systemen wird die Entwicklung mehrstufig rekursiv durchgeführt. Das folgende Bild symbolisiert die Zerlegung eines Systems:

---

[60] Eine Aktivität beschreibt, wie ein Produkt zu erstellen ist.
[61] Ein Produkt ist ein Ergebnis einer Aktivität. Zu jedem Produkt gehört genau eine Aktivität.
[62] Dass man vorschreibt, welche Kapitel in welchem Dokument in welcher Reihenfolge zu stehen haben, ist sehr strikt. Aber dies macht man aus Erfahrung, da man weiß, dass ein jeder am liebsten nur das schreibt, wofür er sich ganz besonders interessiert. Um also ein schon oft erlebtes Chaos nicht erst entstehen zu lassen, gibt man als Korsett das Inhaltsverzeichnis der Dokumente vor. Dieses Inhaltsverzeichnis kann natürlich angepasst werden. Beim sogenannten Tailoring sollte aber keine Überschrift ohne Begründung wegfallen.
[63] Entsprechend der Zerlegung von Aktivitäten in Teilaktivitäten können Produkte in Teilprodukte zerlegt werden.

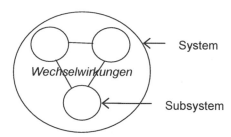

Bild 3-5 Zerlegung eines Systems in zusammenwirkende Subsysteme

Komplexe Systeme haben mehrere Ebenen an Zerlegungsprodukten. Zerlegt man ein System in Subsysteme, so sind diese Teile natürlich nicht voneinander unabhängig. Durch die Verbindungslinien zwischen den Subsystemen ist angedeutet, dass die Subsysteme zusammenwirken. Dadurch erbringen sie die Gesamtleistung des Systems. Würden sie nicht wechselwirken, so hätte man von vornherein vollständig unabhängige Subsysteme. Ein Subsystem stellt wiederum ein System dar, allerdings eine Zerlegungsebene tiefer, daher auch der Name "Subsystem". Jedes Subsystem stellt also ein System dar, das in Subsysteme des Subsystems zerlegt werden kann.

Dies bedeutet letztendlich, dass rekursiv bis zum Abbruch auf einer bestimmten Ebene zerlegt wird. Da **rekursiv zerlegt** wird, sind auf jeder Zerlegungsstufe die folgenden Entwicklungsschritte erforderlich:

- Aufstellen der Anforderungen,
- Systemanalyse – Analyse der Anforderungen auf Konsistenz, Definition der Grenze des betrachteten Systems und Modellierung des Systems,
- Systementwurf – Entwurf in Subsysteme, Beschreibung des Zusammenwirkens der Subsysteme und Beschreibung der Strategie für die Architektur.

Implementiert wird auf der jeweils letzten Zerlegungsebene.

Getestet und integriert wird auf allen **Zerlegungsebenen** des Systems. Wenn das System integriert ist, findet der Systemtest statt.

Das folgende Bild zeigt die **Zerlegung** eines Systems:

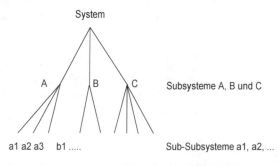

Bild 3-6 Hierarchie von Teilsystemen

Es ist nicht notwendig, dass in allen Zweigen die gleiche Zerlegungstiefe erreicht wird. Die Rekursion von "Aufstellen der Anforderungen", Systemanalyse und Systementwurf ist im folgenden Bild dargestellt:

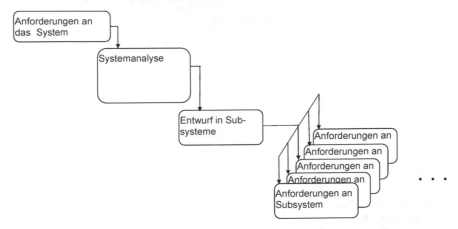

Bild 3-7 Rekursive Entwicklungsschritte (ohne Rückführpfeile gezeichnet)

Rein formal kann man abstrakt von Systemen 1. Stufe, Systemen 2. Stufe (eine Ebene tiefer), Systemen 3. Stufe (wieder eine Ebene tiefer) usw. sprechen. In konkreten Projekten erhalten die Systeme einer Stufe stets greifbare und im Projekt festgelegte Namen wie Subsystem, Segment, Gerät, HW-Komponente des Geräts, SW-Komponente des Geräts etc.

3.1.2.2 Logische und physikalische Betrachtungseinheiten

Nach der Systemanalyse eines Knotens einer Ebene[64] wird dieser Knoten beim Entwurf in sogenannte **physikalische Betrachtungseinheiten**[65] als Knoten und in deren Verbindungen zerlegt. Physikalische Betrachtungseinheiten sind Bausteine beim Entwurf eines Systems, die physisch greifbar sind. Durch das Zusammenwirken der physikalischen Einheiten über ihre Verbindungen entsteht die Leistung des Systems. Eine **logische Betrachtungseinheit** hingegen ist rein funktional und kann sich über mehrere physikalische Betrachtungseinheiten und Verbindungen erstrecken. Ein Beispiel für eine physikalische Betrachtungseinheit ist ein Rechner aus Hard- und Software oder ein Datenbankmanagementsystem. Ein Beispiel für eine logische Betrachtungseinheit ist eine Funktion, die sich von der Dialogführung am Arbeitsplatzrechner über die Netzkommunikation bis hin zu einem Server-Programm eines Datenbank-Servers erstreckt.

Physikalische Betrachtungseinheiten sind physisch greifbar. Sie entsprechen den Knoten einer Zerlegungsebene. **Logische Betrachtungseinheiten** sind Funktionen, die sich über mehrere physikalische Betrachtungseinheiten erstrecken können.

---

[64] Im Sinne der Graphentheorie
[65] Dieser Begriff stammt aus dem V-Modell. Während allgemein von "physisch" im Gegensatz zu "logisch" gesprochen wird, wird hier wie im Original von "physikalisch" gesprochen.

Eine physikalische Betrachtungseinheit selbst wird wieder in kleinere physikalische Betrachtungseinheiten zerlegt. Die Anforderungen an einen Knoten einer höheren Ebene muss man auf Anforderungen an die jeweiligen physikalischen Betrachtungseinheiten und ihre Verbindungen auf der nächsten Ebene projizieren, wobei zusätzlich neue feinere Anforderungen aufgestellt werden können. Dann wird für jedes Element die Systemanalyse durchgeführt und es wird erneut entworfen.

3.1.2.3 Das "V" im V-Modell

Das folgende Bild zeigt das V-Modell:

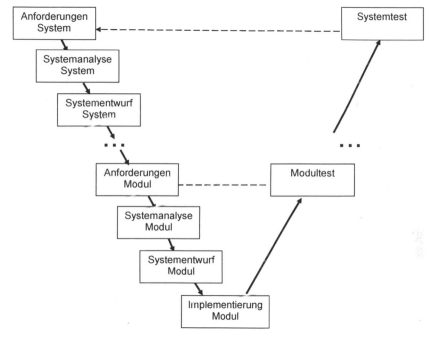

Bild 3-8 Das V-Modell

Das "V" im Wort "V-Modell" kann zum einen für "Vorgehensmodell" stehen, zum anderen kann der Durchlauf durch die Systementwicklung als "V" dargestellt werden.

3.1.2.4 Tailoring beim V-Modell

Das V-Modell stellt einen Rohling dar, der auf das jeweilige Projekt angepasst werden kann. Die Anpassung, die dieses Vorgehensmodell, welches sehr umfassend ist, in ein spezielles und praktikables Projekthandbuch für ein konkretes Projekt überführt, wird als **Tailoring** bezeichnet.

Der Einsatz des V-Modells erfordert ein **Maßschneidern** (engl. **Tailoring**) auf die erforderliche Zahl von Zerlegungsebenen und ein Anpassen der Überschriften.

3.1.2.5 Aktivitäten und Produkte

Grundelemente des V-Modells sind **Aktivitäten** und **Produkte**:

- Eine **Aktivität** ist eine im Rahmen des Vorgehensmodells definierte Tätigkeit im SW-Entwicklungsprozess. Sie wird eindeutig durch ihre Voraussetzungen ("Was muss vorliegen, damit die Aktivität gestartet werden kann?"), ihre Durchführung und ihre Ergebnisse beschrieben. Aktivitäten können hierarchisch in Teilaktivitäten zerlegt werden, wenn jede dieser Teilaktivitäten ihrerseits definierte Ergebnisse aufweist.
- Als **Produkt** wird der Bearbeitungsgegenstand bzw. das Ergebnis einer Aktivität bezeichnet. Analog zu der Zerlegung von Aktivitäten kann sich die Zerlegung von Produkten in "Teilprodukte" (z. B. einzelne Kapitel eines Dokumentes) ergeben.

Eine Aktivität kann

- die Erstellung eines Produktes,
- eine Zustandsänderung eines Produktes oder
- die inhaltliche Änderung eines Produktes (bei einer iterativen Vorgehensweise)

zum Gegenstand haben.

Die Grundelemente "Aktivität" (Arbeitspaket) und "Produkt" werden grafisch durch spezielle Symbole repräsentiert:

Aktivität	Produkt
Symbol für Aktivität	Symbol für Produkt

Bild 3-9 Symbole für Aktivitäten und Produkte

Das V-Modell kennt **Aktivitäten** und **Produkte** und beschreibt die **Zusammenarbeit der Aktivitäten der verschiedenen Rollen** im SW-Entwicklungsprozess.

3.1.2.6 Rollen im V-Modell

Das **V-Modell** ist **in vier Submodelle gegliedert**, die den Rollen im Software-Entwicklungsprozess entsprechen. Die Projektbeteiligten in einem Projekt agieren dabei in verschiedenen **Rollen**. Im Vorgehensmodell der Bundesregierung [V-M92] werden die folgenden vier Rollen identifiziert:

- Software-Erstellung (SWE),
- Qualitätssicherung (QS),

- Konfigurationsmanagement (KM) und
- Projektmanagement (PM).

Die genannten Submodelle bzw. Rollen beziehen sich nur auf die Entwicklung bzw. Pflege/Änderung der Software als Bestandteil eines Systems. Das V-Modell behandelte in seinen ersten Versionen nicht die Hardware-Entwicklung, es enthielt aber die Schnittstellen zur Hardware. Seit der Version von 1997 [V-M97] schließt das V-Modell die Hardware-Entwicklung mit ein.

Das V-Modell in seiner ursprünglichen Version kennt die Rollen **Software-Erstellung, Qualitätssicherung, Konfigurationsmanagement** und **Projektmanagement**.

Alle diese Rollen haben Aktivitäten durchzuführen und Produkte zu erzeugen. Dabei sind die Aktivitäten der verschiedenen Rollen voneinander abhängig. So generiert die Rolle Software-Erstellung ein Produkt und die Rolle Qualitätssicherung prüft es. Für die zu entwickelnden Produkte werden Vorgaben gemacht, was sie enthalten müssen.

Das V-Modell beschreibt den Software-Entwicklungsprozess im Sinne einer **Projektschablone**. Für die Durchführung eines konkreten Projektes müssen daher für die im V-Modell dargestellten Aktivitäten noch die **Bearbeiter** bzw. **Organisationseinheiten** festgelegt werden.

3.1.2.7 Produktzustände

Produkte können die folgenden Zustände annehmen:

- **geplant**

  Das Produkt ist in der Planung vorgesehen. Dies ist der Eingangszustand für alle Produkte.

- **in Bearbeitung**

  Das Produkt wird vom Entwickler bearbeitet.

- **vorgelegt**

  Das Produkt ist aus der Sicht des Erstellers fertig und wird unter Konfigurationsverwaltung genommen. Es wird einer QS-Prüfung unterzogen. Besteht das Produkt die QS-Prüfung nicht, so geht es wieder in den Zustand **"in Bearbeitung"** über. Andernfalls geht es in den Zustand **"akzeptiert"** über.

- **akzeptiert**

  Das Produkt ist von der Qualitätssicherung abgenommen und freigegeben.

Das folgende Bild zeigt die zulässigen **Übergänge zwischen** den einzelnen **Zuständen** [V-M92]:

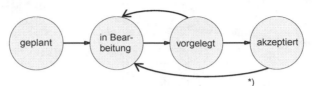

*) Zu diesem Zustandsübergang kommt es beim Durchführen von
      Änderungen. Dabei entsteht eine neue Produktversion.

Bild 3-10 Zulässige Zustandsübergänge von Produkten

Das V-Modell ordnet einem Produkt die Zustände "geplant", "in Bearbeitung", "vorgelegt" und "akzeptiert" zu.

3.2 Prototyporientierte Entwicklung kompletter Systeme

Bei komplexen Systemen ist es sehr schwer, von Anfang an alle Anforderungen festzulegen und vor allem diese so zu definieren, dass sie sich über die Zeit nicht ändern. Vom Beginn eines Großprojektes bis zur Fertigstellung vergehen meist mehrere Jahre. Nach ein paar Jahren sehen die Anforderungen jedoch bereits anders aus. Deswegen gerieten die spezifikationsorientierten Modelle in Verruf. Ein Prototyp kann bei dieser Thematik zu den folgenden Verbesserungen führen:

- Der Prototyp muss nicht das vollständige System umfassen. Daher ist er schneller zu realisieren.
- Der Benutzer kann anhand des Prototyps entscheiden, ob in die richtige Richtung gearbeitet wird oder nicht. Ein Prototyp ist für den Benutzer leichter und schneller zu verstehen als eine ausführliche textuelle Spezifikation.
- Der Benutzer kann anhand des Prototyps seine "wahren" Anforderungen erkennen.
- Die Auslieferung eines Prototyps ermöglicht es auch, neue Anforderungen einzubringen, die erst im Lauf der Zeit auftreten und erkannt werden.

Es ist hierbei zu bedenken, dass auch das V-Modell den Einsatz von Prototyping erlaubt.

Ein Prototyp hilft dabei, Anforderungen zu erkennen.

3.2.1 Inkrementelles Prototyping für Systeme

In der Praxis werden von Iteration zu Iteration des Prototyps die Anforderungen geändert. Dies kann aufgrund der Erfahrungen mit dem Prototypen geschehen oder wegen technologischer Fortschritte. In der Realität sieht dann das inkrementelle Entwicklungsmodell aus, wie in folgendem Bild dargestellt:

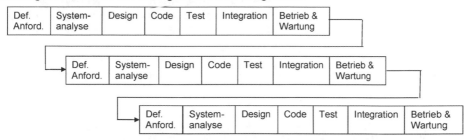

Bild 3-11 Inkrementelles Entwicklungsmodell in Realität

In der Praxis werden die Forderungen bei jedem Entwicklungszyklus überarbeitet.

Beim Prototyping kommt der Spezifikation der Anforderungen, der Systemanalyse und des Systementwurfs kein besonders hohes Gewicht zu. Der Prototyp als Erzeugnis steht im Mittelpunkt und nicht die Dokumentation.

Das inkrementelle Modell funktioniert aber nur dann, wenn die Architektur durchdacht ist beziehungsweise flexibel genug ist, da ansonsten Architektur-Entscheidendes zu spät bemerkt wird.

Dieses **Life Cycle Modell sieht** bereits **aus wie bei den agilen Ansätzen**. Dort wird eine User Story nach der anderen realisiert.

3.2.2 Gründe für Prototypen

Für den Bau von Prototypen kann es die folgenden Gründe geben:

- Man traut einer theoretisch ausgedachten Lösung nicht oder weiß nicht, welche der vorgeschlagenen Alternativen besser funktioniert. Dann sichert man sich ab, indem man die kritischen Anteile als **Ausschnitte** aus dem zu entwickelnden System vorgezogen experimentell realisiert (**Realisierbarkeits-Prototyp**[66]), um das Risiko zu verringern.

- Der Nutzer möchte anhand eines Prototyps die Bedienoberfläche mitgestalten (**GUI-Prototyp**). Die Bedienoberfläche ist das Einzige, was der Nutzer vom Sys-

---

[66] Hat der Entwickler Angst, weil er die Machbarkeit eines Systems nicht "im Kopf" beurteilen kann, so ist er bestens beraten, wenn er die Machbarkeit durch einen Prototypen abklärt. Weist der Prototyp die Realisierbarkeit nach, so verschwindet die Angst. Zeigt der Prototyp, dass das System nicht realisierbar ist, so müssen entweder mit dem Kunden gemeinsam die nicht realisierbaren Anforderungen abgeändert werden oder – falls dies nicht geht – das Projekt eingestellt werden. Es ist besser, das Projekt wird früh eingestellt, als dass man erst am Projektende bei der Integration erkennt, dass das System nicht realisierbar ist.

tem sieht. Mit ihr muss er in Zukunft täglich umgehen und muss mit ihr zurecht-
kommen. Sein Wunsch ist also absolut berechtigt. Es wird hier von einem sogenannten horizontalen Prototyp (also in einer bestimmten Schicht) gesprochen.

- Es soll ein **Architekturprototyp** gebaut werden (**Architektur-Durchstich durch das System** – ein sogenannter vertikaler Durchstich durch das System).

- Das System soll inkrementell über einen **inkrementellen Prototyp** gebaut werden[67], der zunehmend mehr Funktionalität umfasst. De facto enthält der inkrementelle Prototyp einen Architekturprototypen als Skelett, das aber noch "Fleisch
auf den Knochen" erhält. Hierfür wird in der Literatur gerne der Begriff "Walking
Skeleton" verwendet. "Walking" deshalb, da der Prototyp bereits ablauffähig ist.
"Skeleton", da der überwiegende Teil der Funktionen, d. h. das "Fleisch" noch
nicht zur Verfügung steht.

> Ein Prototyp kann zur Minderung des Risikos beitragen.

Prototypische Aktivitäten zur Mensch-Maschine-Schnittstelle werden oft parallel zur
Systemanalyse gestartet. Die Bedienoberfläche wird allerdings meist erst ganz zum
Schluss eines Projektes fertig. Dies liegt daran, dass dem Nutzer in der Regel bis
zuletzt Verbesserungsvorschläge einfallen.

An einen Prototypen können weniger Qualitätsanforderungen als an das Gesamtsystem gestellt werden. In einem solchen Fall wird der Prototyp "quick and dirty"
entwickelt. Hat ein solcher Prototyp zur Klärung der offenen Fragen geführt, so hat er
seine Schuldigkeit getan und ist wegzuwerfen! Seine Funktionalität muss dann im
Rahmen der Realisierung des Gesamtsystems unter Anlegung der normalen
Qualitätsmaßstäbe des Projektes nochmals entwickelt werden. Hierbei können
allenfalls punktuell bei Erfüllung der Qualitätsvorschriften Teile des Prototypen
übernommen werden. Man hüte sich vor langlebigen Provisorien!

3.2.3 Concurrent Engineering für Systemkomponenten

Oftmals werden auch mehrere Prototypen gleichzeitig gestartet, die dann zum
System zusammenwachsen sollen. Das folgende Bild zeigt ein Beispiel aus 3
gleichzeitig gestarteten Prototypen:

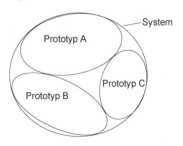

Bild 3-12 Angestrebte Konvergenz von 3 Prototypen zu einem System

---

[67] Dies funktioniert nur dann, wenn dessen Architektur durchdacht ist. Architekturentscheidendes
kann bei prototypisch durchgeführten Projekten zu spät bemerkt werden.

Concurrent Engineering erlaubt eine **parallele Entwicklung.**

Das dem Concurrent Engineering zugrunde liegende Modell wird auch als **Cluster-Modell** bezeichnet. Mit Cluster wird hier ein Teilsystem bzw. Subsystem bezeichnet. Wenn man sich seiner Sache hundertprozentig sicher wäre, müsste man nach dem Systementwurf kein Prototyping machen, sondern würde die Teilsysteme geradlinig entwickeln. Wenn man jedoch unsicher ist, sind Prototypen angemessen.

Concurrent Engineering brachte den Fortschritt,

- dass Teilsysteme prototypisch realisiert wurden, die in der Summe zu einem Gesamtsystem konvergieren sollten.

3.3 Spiralmodell für komplette Systeme

Das Spiralmodell erlaubt es, verschiedene Vorgehensmodelle, bei denen das System am Stück als Ganzes behandelt wird, zu mischen. Das heißt, man kann die Vorteile der verschiedenen Vorgehensmodelle ausnutzen. Das folgende Bild zeigt das Spiralmodell:

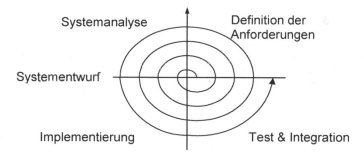

Bild 3-13 Das Spiralmodell

Der Radius zeigt die Kosten zum aktuellen Projektstand. Ein Umlauf entspricht einem Durchgang durch alle Entwicklungsschritte des Systems.

Ein Entwicklungszyklus kann dabei beispielsweise

- spezifikationsorientiert oder
- prototyporientiert

sein.

Bei jedem Durchlauf muss entschieden werden, welche Form die am besten geeignete ist, um fortzufahren. Die Entscheidungsfindung wird dabei durch die Bewertung und Priorisierung von Zielen, Grenzen, Alternativen und Risiken beeinflusst.

Das Spiralmodell sagt auch aus, dass man die Entwicklung nicht präzise festlegen kann, vor allem nicht über einen längeren Entwicklungszeitraum. Die Neubewertung bei jedem abgeschlossenen Durchgang führt dazu, dass man unter anderem folgende Punkte im nächsten Durchgang berücksichtigen kann:

- Ergebnisse der Prototypen,
- neue Technologien,
- Risikoeinschränkungen,
- finanzielle Faktoren,
- etc.

Das Spiralmodell wird auch als **Vorgehensmodell-Generator** bezeichnet. Mit einem Satz von Bedingungen erzeugt das Spiralmodell ein detailliertes Entwicklungsmodell. Wenn zum Beispiel die Anforderungen im Vorfeld festlegbar sind und das Risiko gering ist, so nähert sich das Spiralmodell dem Baseline Management-Modell für ein System an. Wenn die Anforderungen noch unklar sind, so nähert sich das Spiralmodell der inkrementellen Entwicklung bzw. dem Prototyping für ein System an. Wie bereits erwähnt, erlaubt das Spiralmodell nach jedem Durchlauf eine Änderung des Vorgehensmodells zum vorangehenden Durchlauf.

> Ein Spiralmodell erlaubt es, bei der Entwicklung eines kompletten Systems bei jedem Zyklus ein anderes Vorgehensmodell einzusetzen.

> Ein Spiralmodell vereint die Vorteile einer spezifikationsorientierten Entwicklung und einer prototypischen Entwicklung bei der Entwicklung eines Systems. Bei jedem Iterationszyklus kann das geeignete Vorgehensmodell gewählt werden.

3.4 Agile, inkrementelle Softwareentwicklung

Der Begriff der agilen Softwareentwicklung beruht auf dem Zweifel, ob es überhaupt möglich ist, Software korrekt zu spezifizieren. Daher sollte die Softwareentwicklung nach dem Agilen Manifest (siehe Kapitel 3.4.1) weniger bürokratisch werden.

3.4.1 Agile Werte und Methoden

Agile Werte sind die Grundlage für eine agile Entwicklung. Das **Agile Manifest** von 2001 forderte als agile Werte:

- Individuen und Interaktionen bedeuten mehr als Prozesse und Tools.
- Funktionierende Programme stehen über einer ausführlichen Dokumentation.
- Die Zusammenarbeit mit dem Kunden hat Vorrang vor den Verträgen.
- Eine Offenheit für Änderungen ist wichtiger als das Befolgen eines starren Plans.

Das heißt nicht, dass im Rahmen einer agilen Softwareentwicklung keine Pläne gemacht werden oder keine Dokumentation erstellt wird, sondern dass im Konfliktfall
die "agilen Werte" eine höhere Priorität erhalten.

Agile Methoden beruhen auf den agilen Werten. Beispiele für agile Methoden sind:

- die iterative Auslieferung von kleinen Bestandteilen eines Systems,
- die Verwendung sogenannter Story Cards[68],
- eine testgetriebene Entwicklung oder
- Refactoring (Gewinnung einer besseren Architektur).

Agile Prinzipien fordern beispielsweise die Auslieferung funktionierender Software
in kurzen Abständen von wenigen Wochen.

Aufmerksamkeit erhielt die agile Softwareentwicklung 1999, als Kent Beck ein Buch
zum Extreme Programming veröffentlichte [Be199]. Agile Verfahren eignen sich
besonders gut für Projekte mit wenig ausformulierten Anforderungen.

> Letztendlich ist Agilität nicht präzise definiert. Agilität schärft aber die
> Sinne für eine Flexibilität im Projekt, eine gute Zusammenarbeit mit
> dem Kunden und den Abbau von Bürokratie. Agilität unterschätzt aber
> den Stellenwert der Dokumentation für sichere Systeme hoher Kritika-
> lität.

Im Folgenden werden Extreme Programming (siehe Kapitel 3.4.2), Scrum (siehe
Kapitel 3.4.3) und Kanban (siehe Kapitel 3.4.4) als hervorragende Vertreter der
agilen Methoden betrachtet.

3.4.2 Extreme Programming

Extreme Programming hatte zunächst unter den agilen Prozessmodellen am meisten
Beachtung gefunden. "Extreme Programming is a humanistic discipline of software
development, based on principles of simplicity, communication, feedback, and cou-
rage" [Bec98]. Extreme Programming ist eine Vorgehensweise zur prototypischen
Systementwicklung. Es wird so früh wie möglich ausprobiert, ob die Ideen auch
wirklich praktisch umsetzbar sind. Es gibt keine langen theoretischen Analysepha-
sen, sondern ein kontinuierliches Feedback des Kunden anhand der erstellten Programme.

Charakteristisch für Extreme Programming ist:

- Es werden nicht die Anforderungen aufgestellt, sondern der Kunde schildert
  sogenannte User Stories, die priorisiert werden. Es soll mit den wichtigsten
  Funktionen begonnen werden.

---

[68] Story Cards spezifizieren das Verhalten eines zu realisierenden Systems durch informelle Kurzbe-
schreibungen. Für jede zu erstellende Funktion wird eine Story Card geschrieben und darüber mit
den Kunden intensiv diskutiert.

- Die Entwicklung erfolgt **iterativ** nach den priorisierten Stories mit schrittweiser Annäherung an die Lösung.
- Die Terminabschätzung erfolgt durch die Programmierer statt durch das Management.
- Eine aufwendige Analyse entfällt.
- Der Kunde arbeitet im Projekt mit und gibt laufend Feedback. Mängel im Konzept werden schnell klar.
- Teillösungen und Releases können relativ rasch nach Projektbeginn geliefert werden. Die Software kommt früh zum Kunden.
- Die Programmierung erfolgt in Zweier-Teams (**Pair Programming**). Eine Person programmiert die Anwendung, die andere Person hat sich um die Tests und die Weiterentwicklung zu kümmern. Innerhalb mehrerer Zweier-Gruppen wird der geschriebene Code ausgetauscht und durchgesehen. Rollen werden regelmäßig getauscht. Anfänger können schneller von Fortgeschrittenen/Profis lernen. Der Ausfall eines Einzelnen ist dann besser zu verkraften.
- Die Programmierteams befinden sich in räumlicher Nähe zueinander.
- Erst sollen die Tests programmiert werden, dann die Anwendung (**Tests First**).
- Ständig soll getestet und die Zeit abgeschätzt werden.
- Am Ende eines Tages müssen alle Testfälle durchlaufen sein.
- Am Ende eines jeden Tages soll ein lauffähiges System vorhanden sein[69] (**Continous Integration**).
- Der Programmcode gehört allen (**Code Sharing**).
- Die Architektur soll laufend überdacht werden. Die Software wird immer wieder umstrukturiert, wenn für das gleiche Verhalten eine einfachere Lösung möglich ist (**Refactoring** [Bec97]).
- Es wird stets nur die minimale Lösung programmiert. Erweiterungen und eine Wiederverwendung werden nicht eingeplant (**No Gold Plating,** keine Vergoldung).
- Die Releases folgen schnell aufeinander. Daher werden kleinere Module gebildet, deren Zeitaufwand mit weniger als zwei Tagen veranschlagt wird. Größere Module werden aus kleineren Modulen zusammengesetzt, die nacheinander abgearbeitet werden.
- Da nicht ausführlich geplant wird, sondern in Zweier-Teams programmiert wird, gibt es wenig Dokumentation.
- Projektgruppen sollen zwischen 2 und 10 Entwickler umfassen [Be299, S. xviii].
- Nach Kent Beck soll der Zeitpunkt für Änderungen irrelevant sein. Es soll gleich teuer sein, einen Fehler zu beseitigen, ganz egal, ob er zu einem frühen oder zu einem späten Zeitpunkt im Projekt entstanden ist.[70]

---

[69] Man hat also stets eine lauffähige Version.
[70] Dies wird dadurch erreicht, dass die Spezifikationen weitestgehend wegfallen. Da stets nur kleine Module programmiert werden, die sich möglichst nicht beeinflussen sollen, wird im Fehlerfall bei Maximalschaden ein kleines Modul erneut programmiert.

Vorteile des Extreme Programming sind:

- Der Kunde sieht früh ein Ergebnis und kann seine "wahren" Forderungen entdecken.
- Ein jeder hat den Projektüberblick. Der aktuelle Programmcode des Projekts ist von jedem einsehbar.
- Trotz iterativer Entwicklung wird durch das Refactoring an die Architektur gedacht.
- Gute Einarbeitung neuer Mitarbeiter.
- Eignet sich besonders für sich ändernde oder sich noch entwickelnde Anforderungen. Ändert der Kunde mitten im Zeitplan des Projekts seine Meinung oder soll es in eine andere Richtung gehen, ist das nicht so gravierend.

Nachteile des Extreme Programming sind:

- Der Kunde muss Mitarbeiter abstellen. Die Bereitstellung eines Mitarbeiters des Kundens für die Kooperation mit den Entwicklern kostet dem Kunden Zeit und Geld.
- Der geringe Aufwand für die Planung lässt eine ungeordnete Entwicklung befürchten.
- Komplexe Aufgaben werden schnell in Mini-Module heruntergebrochen, ohne Wechselwirkungen mit anderen komplexen Aufgaben einzuplanen.
- Der Code löst nur das vorliegende Problem. An Generalisierungen wird bewusst nicht gedacht.
- Eine verteilte Entwicklung über mehrere Standorte ist nicht möglich.
- Große Projekte sind nicht realisierbar.
- Nicht jeder bildet mit jedem anderen ein gutes Paar.
- Die Fixierung auf Pair Programming ist für die Kommunikation über Zweiergruppen hinweg eher hinderlich.
- Da der Code allen gehört, hat auch keiner die alleinige Verantwortung für ein Programm.
- Die Rolle Qualitätssicherung ist nicht vorgesehen. Eine auf alle verteilte Verantwortung erschwert eine Koordination der Qualitätsziele.
- Eine Güteprüfung wird aufgrund fehlender Dokumentation scheitern.

Extreme Programming stellt

- den Abbau des Aufwands für Spezifikationen,
- die iterative Entwicklung von Systemteilen bei Teilkenntnis des Systems,
- das Refactoring und
- das Testen

in den Vordergrund der Entwicklung.

Für Systeme, bei denen auch Hardware neben der Software entwickelt wird, wie auch bei sicherheitsrelevanten Systemen hoher Kritikalität ist Extreme Programming nicht geeignet.[71] Zum einen muss man Schnittstellenspezifikationen ausarbeiten und damit das Dokumentieren ernst nehmen, zum anderen muss man bei sicherheitsrelevanten Systemen einen genauen Nachweis der korrekten Entwicklung führen.

Mit der Betonung des **Refactoring** gewinnt das **Design einen höheren Stellenwert** als bei einer üblichen prototypischen Vorgehensweise. Dies ist einer der größten Vorteile von Extreme Programming.

3.4.3 Scrum

Das Rahmenwerk Scrum wird in Kapitel 4 detailliert vorgestellt. An dieser Stelle soll nur eine kurze Einführung gegeben werden.

Scrum wird bewusst als Rahmenwerk und nicht als Vorgehensmodell bezeichnet, da es nur aus wenigen Regeln besteht.

Scrum dient dazu, die Entwicklung eines Systems nicht am Stück mit einer großen Spezifikationsphase durchzuführen. Spezifikationsorientierte Systeme haben nämlich den Nachteil, dass solche Systeme bei ihrer Fertigstellung oft schon veraltet sind, da sich die Wünsche des Kunden rasch ändern.

Scrum hingegen geht davon aus, dass die Anforderungen zu Beginn eines Projektes noch relativ unbekannt sind, dass Sie aber im Laufe des Projekts mit Hilfe des Kunden ermittelt werden. Man hofft bei Scrum, dass die Anforderungen quasi partitioniert werden können, so dass das System iterativ in kleinen Teilen umgesetzt werden kann, wobei das Wichtigste zuerst gemacht wird.

Der Kunde soll also sehen, wie die realisierten kleinen Teile zu einem nützlichen neuen System zusammenwachsen. Er kann stets darauf Einfluss nehmen, wie das System weiterentwickelt werden soll.

Da ein Fragment nach dem anderen realisiert wird, reicht es, wenn die Anforderungen für ein Fragment erst dann bekannt sind, wenn mit der Entwicklung dieses Fragments begonnen werden soll. Bis zu diesem Moment dürfen sich die Anforderungen an ein Fragment noch in großem Maße verändern.

Scrum setzt also darauf, dass in enger Zusammenarbeit mit dem Kunden Fragmente des zu entwickelnden Systems iterativ und inkrementell in kurzen Zyklen mit dem Ziel entwickelt und potenziell ausgeliefert werden, so dass

---

[71] Bei der Verwendung von Scrum kann es anders aussehen.

- jede weitere Lieferung einen Zuwachs (ein Inkrement) für das System darstellt und
- die Summe der entwickelten Fragmente gerade das zu entwickelnde System ergibt.

Die Forderungen des Kunden werden nicht festgeschrieben. Änderungen der Forderungen im Laufe eines Projekts sind ausdrücklich zugelassen mit Ausnahme des gerade aktuell laufenden Entwicklungszyklus[72] für ein Systemfragment, der maximal ein Monat je Fragment dauern darf.

Beim Einsatz von Scrum muss sichergestellt werden, dass alle Anforderungen des Kunden erfüllt werden. Bei Scrum legt man nicht im Voraus fest, wie die später zu liefernden Systemfragmente zu erarbeiten sind. Das ist bei Scrum ein dynamischer Prozess. Man ist sich bewusst, dass zu Beginn eines Scrum-Projekts zu viele Informationen noch im Verborgenen sind. **Bei Scrum wird nicht nur inkrementell programmiert, sondern auch inkrementell geplant.**

3.4.4 Kanban

Kanban will die Wertschöpfung entlang einer Verarbeitungskette optimieren. Es wird hierbei versucht, in der vorhandenen Firmenhierarchie evolutionäre Änderungen umzusetzen. Kanban schreibt nicht vor, wann, wie viele oder welche Artefakte zu erstellen sind, und beschreibt nicht, wie ein optimaler Prozess aussehen soll, sondern lediglich, mit welchen Maßnahmen ein existierender Prozess verbessert werden kann. Kanban ist eine Methode für das Change Management.

Kanban baut im Wesentlichen auf 2 Konzepte:

- das Sichtbarmachen des Arbeitsfortschritts und damit auch von Problemen mit Hilfe von Kanban-Boards und
- die Limitierung der Anzahl der parallel bearbeiteten Aufgaben einer Arbeitsstation.

Hierzu wurde der stationäre Arbeitsfluss von Arbeitsstationen, die Produkte bearbeiten, untersucht. Nach Little's Law der Warteschlangentheorie ist die durchschnittliche Länge einer Warteschlange L in einer bearbeitenden Station gleich dem Produkt der Ankunftsrate λ der Aufgaben und der durchschnittlichen Wartezeit W.

Wie man aus Little's Law leicht sieht, bestehen folgende Möglichkeiten zur Reduktion von Lieferzeiten:

1. eine Erhöhung der Durchfluss-Effizienz wie auch
2. eine Begrenzung der Anzahl an Arbeitspaketen.

Mit der Einführung sogenannter Service Levels, bei denen es Arbeitspakete verschiedener Prioritäten gibt, die je nach Priorität mehr oder weniger rasch bearbeitet werden, gelang es, die Erzeugung von Produkten kalkulierbar zu machen.

---

[72] Ein Entwicklungszyklus umfasst das Aufstellen der Kundenforderungen, die Analyse, den Entwurf, die Implementierung, den Test und die Integration sowie die Abnahme.

3.5 Fortschritte durch die verschiedenen Vorgehensmodelle

Das **Wasserfallmodell** in der Variante eines **Baseline Management-Modells** brachte die folgenden Vorteile:

- Die im Modell aufgeführten Entwicklungsschritte sind tatsächlich notwendig.
- Die Reihenfolge der Entwicklungsschritte ist richtig.
- Es gibt keine Phase Systemdokumentation. Die Dokumentation wird projektbegleitend erstellt.

Der große Fortschritt des **Wasserfallmodells mit Rückführschleifen** war:

- Ein Zurückgehen in frühere Phasen ist möglich. Damit sind Iterationen erlaubt.

Das **V-Modell** befasste sich mit komplexen Systemen, die rekursiv zerlegt werden.

Das V-Modell betrachtet zusätzlich zum Wasserfallmodell:

- welche Rollen es gibt (Software-Erstellung, Qualitätssicherung, Konfigurationsmanagement, Projektmanagement),
- welche Rolle welche Aktivitäten[73] durchzuführen hat, d. h., welche Rolle welche Arbeitspakete zu erledigen hat, und welches Produkt das Ergebnis einer Aktivität ist,
- wie die Aktivitäten vernetzt sind, d. h., welche Aktivitäten auf welchen anderen aufbauen und deren Ergebnis als bereits vorhanden voraussetzen, und
- wie die Inhaltsstrukturen von textuellen Ergebnissen (Produkten) aussehen, d. h., in welchem Dokument welche Kapitel stehen müssen.

Vorteile einer **prototypischen Entwicklung** sind:

- Der Prototyp muss nicht das vollständige System umfassen. Daher ist er schneller zu realisieren.
- Der Benutzer kann anhand des Prototyps entscheiden, ob in die richtige Richtung gearbeitet wird oder nicht. Ein Prototyp ist für den Benutzer leichter und schneller zu verstehen als eine ausführliche textuelle Spezifikation.
- Der Benutzer kann anhand des Prototyps seine "wahren" Anforderungen erkennen.
- Die Auslieferung eines Prototyps ermöglicht es auch, neue Anforderungen einzubringen, die erst im Lauf der Zeit auftreten und erkannt werden.

Das **Concurrent Engineering**

- liefert in prototypischer Weise Teilsysteme, die zum System konvergieren sollen.

---

[73] Entsprechend der Zerlegung von Aktivitäten in Teilaktivitäten können Produkte in Teilprodukte zerlegt werden.

Bei den **agilen Ansätzen**

- entwickelt man sehr kleine Systemfragmente nacheinander, damit diese Fragmente zusammen das gewünschte System ergeben.

Während man ein System **spezifikationsorientiert** in geplanter Weise **top-down** am Stück entwickelte, wählten die rein **agilen Ansätze** einen **bottom-up-Ansatz**, da die Systemfragmente zuerst entwickelt werden. Die Hoffnung, dass rein agil entwickelte Systemfragmente in der Summe der Stücke das gewünschte System ergeben, ist zunächst spekulativ. Es gibt negative Beispiele. Man muss explizit etwas dafür tun, dass das gewünschte Ziel erreicht wird.

> Deshalb besteht zurzeit der Trend, agil zu entwickeln unter der Voraussetzung, dass alle Entwickler ein gemeinsames Verständnis über das vom Kunden gewünschte System besitzen (gemeinsame Vision des Systems), damit die Summe der einzeln entwickelten Systemteile wirklich zu dem vom Kunden gewünschten System führt.

3.6 Auswahl eines Vorgehensmodells

Die Auswahl des Vorgehensmodells hängt vom Charakter des entsprechenden Projekts ab. Auswahlkriterien können beispielsweise sein:

- Die **Sicherheitsrelevanz**

  Sicherheitskritische Systeme müssen meist schon aus Gründen der Produkthaftung spezifikationsorientiert entwickelt werden.

- Die **Unschärfe der Anforderungen**

  Man sollte schon die Richtung kennen, in der das System entwickelt werden soll. Zuviel Unbekanntheit führt zu Chaos. Wenn alles bekannt ist, spricht dies für eine spezifikationsorientierte Entwicklung. Wenn vieles noch offen ist, kann dies ein Indiz für die Verwendung von Scrum sein.

- Die **Unkenntnis der einzusetzenden Lösungstechnologie**

  Auch hier sollte man nicht vollkommen im Dunkeln stehen. Wenn alles bekannt ist, kann man spezifikationsorientiert entwickeln. Wenn vieles noch offen ist und sich ändert, kann dies ein Indiz für die Verwendung von Scrum sein.

Ansonsten gilt, dass jede Art einer ausführlichen **Dokumentation** den Fortschritt hemmt und Änderungen unterbindet, da bei Änderungen viele Dokumente aus Zeitdruck in der Praxis gar nicht nachgezogen werden können. Sitzen alle Entwickler in einem einzigen Raum, kann die Kommunikation statt nur über Dokumente auch teilweise mündlich erfolgen. Die Dokumentation beschränkt sich dann meist auf wenige Übersichtspapiere und die übrigen Dokumente können über eine automatische Generierung aus dem Quellcode gewonnen werden. Hierzu ist ein sehr gut dokumentierter Quellcode unabdingbar. Auf diese Weise kann man die Flut meist inkonsistenter Projektdokumente auf einen pflegbaren Umfang beschränken. Es ist zweifellos eine größere Kunst, wenig und das Richtige aufzuschreiben, als in epischer Breite alles mit Mängeln behaftet zu dokumentieren.

Auf die Eignung von Scrum für ein Projekt wird ausführlich in Kapitel 4.10.1 eingegangen.

Kapitel 4

Das agile Rahmenwerk Scrum

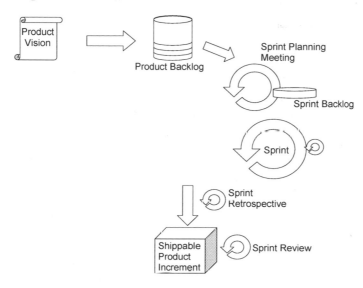

4 Das agile Rahmenwerk Scrum

Scrum wird bevorzugt in kleineren Projekten mit bis zu etwa zehn Projektmitarbeitern eingesetzt, bei denen der Kunde mithilft, die noch unbekannten Anforderungen im Projektverlauf zu ermitteln. Dabei soll inkrementell ein System entstehen, das sich aus iterativ realisierten Systemfragmenten, die agilen Szenarien entsprechen, zusammensetzt.

Hauptziele beim Einsatz von Scrum sind:

- flexibel auf Veränderungen – vor allem der Forderungen des Kunden – reagieren zu können[74] sowie
- den höchstmöglichen Kundennutzen in kürzester Zeit auszuliefern.

Kapitel 4.1 begründet, warum Scrum ein Rahmenwerk für Vorgehensmodelle darstellt. Kapitel 4.2 erläutert die Geschichte von Scrum. Kapitel 4.3 analysiert, wie Scrum vorgeht und Kapitel 4.4 gibt eine Übersicht über den Entwicklungsprozess von Scrum. Kapitel 4.5 stellt die Rollen von Scrum vor, Kapitel 4.6 beschreibt die Artefakte von Scrum nach dem aktuellen Standard und Kapitel 4.7 widmet sich dem von Scrum vorgesehenen System von Meetings. Nach der Vorstellung ehemaliger Artefakte von Scrum in Kapitel 4.8 befasst sich Kapitel 4.9 mit weiteren Artefakten, die nicht Teil des Standards von Scrum sind. Kapitel 4.10 diskutiert, wie Scrum erfolgreich umgesetzt werden kann. Kapitel 4.11 beschreibt die Vor- und Nachteile von Scrum. Kapitel 4.12 geht auf eine gängige Vorgehensweise für Festpreisangebote mit Scrum ein. Kapitel 4.13 analysiert psychologische Effekte bei der Verwendung von Scrum. Kapitel 4.14 diskutiert hybride Verwendungsarten von Scrum und Kapitel 4.15 betrachtet die Unterschiede zwischen Extreme Programming und Scrum.

4.1 Scrum – ein Rahmenwerk

"Scrum" heißt "Gedränge" und ist ein bestimmter Spielzug beim Rugby – eine Freistoßsituation. Das Wort "scrum" beschreibt das Gedränge der Spieler um den Spielball bei einem Freistoß nach einer Spielunterbrechung. So wie versucht wird, durch einen kollektiven Einsatz der Mannschaft die Freistoßsituation zu beherrschen, steht auch in der Softwareentwicklung mit **Scrum** das **kooperative, selbstverantwortliche und selbstorganisierte Verhalten eines Teams** im Mittelpunkt.

Scrum beschränkt sich nicht nur auf Software. Scrum ist "ein **Rahmenwerk**, innerhalb dessen Menschen **komplexe adaptive Aufgabenstellungen** angehen können und durch welches sie in die Lage versetzt werden, produktiv und kreativ Produkte mit dem höchstmöglichen Wert auszuliefern" (siehe Scrum Guide [scrgui]).

---

[74] Reaktionen auf Kundenwünsche sind bei Scrum im Normalfall lediglich zu Beginn des nächsten sogenannten Sprints möglich. Ist das nicht schnell genug, muss der aktuelle Sprint abgebrochen werden. Ein Sprint ist hierbei eine Timebox, innerhalb derer ein neues Systemteil entwickelt wird.

> Scrum ist ein Management-Rahmenwerk zur Entwicklung komplexer Produkte.

> Die in Scrum definierten Prozesse gehen nur bis zur Ebene der Anforderungen. In welcher Art und Weise die Anforderungen umgesetzt werden sollen, wird durch Scrum generell nicht festgelegt.

Festgelegt ist für die Entwicklung im Wesentlichen,

- dass der Kunde eng einbezogen wird,
- dass in **kurzen, zyklischen Abständen** von beispielsweise 2 Wochen (maximal 4 Wochen) jeweils ein potenziell lauffähiges, weiteres Systemteil – ein sogenanntes **Product Increment** – des zu liefernden Systems **prioritätsgerecht ausgeliefert** wird,
- wie mit den Anforderungen umgegangen wird und
- dass in einem Projekt generell **laufend überwacht** und **korrigiert** wird, also adaptiv gearbeitet wird.

Die geringen Vorgaben für die Entwicklung eröffnen viele Freiheiten. Freiheiten zu haben, erfordert jedoch fähige Mitarbeiter, die selbständig agieren können und mit dieser Freiheit etwas anfangen können.

Scrum wird als Rahmenwerk bezeichnet, denn bis auf die Handhabung der Anforderungen, die getaktete Entwicklung von Systemkomponenten und die adaptive Arbeitsweise lässt Scrum den Entwicklern alle Freiheiten bei der Gestaltung des Life Cycle der Entwicklung.

> Es ist sinnvoll, um die Erfolgschancen zu steigern, alle im Rahmen des Scrum Guide definierten Vorgaben zu erfüllen. Das Scrum-Framework darf um beliebige Prozesse und Aktivitäten erweitert werden, solange diese nicht die agilen Werte oder die Vorgaben des Scrum Guide verletzen.

4.2 Historie von Scrum

Die agile Softwareentwicklung begann im Wesentlichen mit Extreme Programming, dann gewann das von Ken Schwaber initiierte Scrum-Schulungsprogramm zur agilen Softwareentwicklung ab 2002 weltweit an Bedeutung. Scrum sprach als **organisatorisches Regelwerk** im Gegensatz zu Extreme Programming oder Feature Driven Development (FDD)[75], welche sehr technisch orientiert waren, nicht nur die Entwickler, sondern auch das Management an. Deshalb entwickelte sich Scrum zum de facto-Standard der agilen Software-Entwicklung. Dabei war Scrum am Anfang nur eine unter mehreren agilen Vorgehensweisen.

---

[75] Bei FDD steht der Begriff des Features im Mittelpunkt. Jedes Feature ist ein Nutzen für den Kunden. Die Entwicklung basiert auf einem Feature-Plan.

Scrum wird seit Anfang der 90er Jahre eingesetzt und wird seither durch die Erfahrung von Tausenden von Menschen korrigiert und erweitert. Ken Schwaber und Jeff Sutherland[76] können als diejenigen Personen angesehen werden, die Scrum durch ihre Erfahrungen und Publikationen maßgeblich vorangetrieben haben. An ihrer gemeinsamen Publikation [scrgui] orientiert sich auch dieses Kapitel.

4.3 Charakteristika von Scrum

Scrum basiert auf:

- der Mitwirkung des Kunden,
- einem sich **selbst organisierenden Entwicklungsteam**,
- einer **Priorisierung der Aufgaben**,
- der Idee **iterativer, inkrementeller Vorgehensmodelle** unter Einhalten eines festen Zeitrahmens, der **Timebox** genannt wird, gemäß welchem das Scrum Team regelmäßig die wichtigsten Features liefert,
- einer offenen Kultur mit viel **Transparenz** und
- einer regelmäßigen Überprüfung (**Inspection**) von Produkten, Prozessen und Methoden und dem flexiblen Anpassen (**Adaption**) an sich ändernde Anforderungen. "Inspect & adapt" ist ein wichtiges Projektziel.

In den folgenden Kapiteln 4.3.1 bis 4.3.6 werden diese für Scrum wichtigen Ansätze beschrieben.

4.3.1 Steigende Bedeutung des Kunden

Bezieht man den Kunden ein und zeigt ihm, wie das System entsteht, so kann der Kunde seine "wahren" Anforderungen erkennen und mithelfen, eine Entwicklung in die richtige Richtung zu lenken.

Der Kunde ist bei Scrum in die inkrementelle Planung und insbesondere in die **Priorisierung der Aufgaben** über den sogenannten Product Owner[77] einbezogen, der im Projekt die Interessen des Kunden vertritt.

Der Product Owner vertritt im Projekt die Interessen des Kunden

Der Kunde überprüft ferner regelmäßig die Erzeugnisse und kann die Richtung für die weitere Entwicklung vorgeben.

Daher steigt bei Scrum die Bedeutung des Kunden.

---

[76] Ken Schwaber und Jeff Sutherland sind Mitunterzeichner des Agilen Manifests.
[77] Zum Product Owner siehe Kapitel 4.5.1

4.3.2 Steigende Bedeutung der Teamarbeit

Scrum basiert auf der Beobachtung, dass kleine eigenverantwortliche, **sich selbst organisierende Teams**[78] aufgrund ihrer **Motivation** eine höhere Effizienz haben als große heterogene Teams, die durch die Vorgaben und Anforderungen Dritter gesteuert werden.

Das **Entwicklungsteam organisiert sich bei Scrum selbst** und informiert das Management, statt von diesem gesteuert zu werden. Früher steuerte das Management die Projektmitarbeiter. Heute informiert das Entwicklungsteam das Management. Das Entwicklungsteam sucht den Umfang eines zu realisierenden Sprints selbst aus. Das erhöht die **Motivation**.

Daher steigt bei Scrum die Bedeutung des Teams.

4.3.3 Priorisierung der Aufgaben

Aufgaben hoher Priorität und von hohem Risiko werden zuerst behandelt. Die Priorität der Aufgaben wird mit dem Kunden abgestimmt. Sie kann geändert werden. Die Priorität eines zu realisierenden Systemfragments wird bestimmt aus dem Geschäftswert und dem zu tragendenen Risiko. Ein Systemfragment, das einen hohen Geschäftswert und ein hohes Risiko hat, wird zuerst realisiert.

Die Reaktion auf Änderungen ist ein wichtiges Projektziel.

4.3.4 Das System der Time-Boxen

In Scrum wird ein **iterativer** und **inkrementeller Ansatz** mit **relativ kurzen Entwicklungszyklen** verfolgt. Hierzu wird der Entwicklungsprozess in **Iterationen**, die sogenannten Sprints aufgeteilt. Jeder **Sprint** ist eine Time Box von maximal einem Monat und liefert als Ergebnis ein funktionsfähiges **Inkrement für den Bau des Systems**, das vom Kunden unmittelbar genutzt werden kann.

Der Entwicklungszyklus wiederholt sich **iterativ**. Im Normalfall erfolgt eine Lieferung der erzeugten **Inkremente** für den Bau eines Systems am Ende einer jeden Sprint-Einheit. Das Entwicklungsteam liefert regelmäßig die wichtigsten Features. Generell bekommt das Entwicklungsteam klare Ziele zu Kosten und Fertigstellungstermin.

4.3.5 Transparenz

Informationen aller Art, die das Produkt und dessen Fertigstellung während des Entwicklungsprozesses beeinflussen, müssen für alle Projektbeteiligten **zu jeder Zeit zugänglich** und verständlich sein. Inhalte und Probleme im Projekt werden innerhalb

---

[78] Man unterscheidet das **Scrum Team** und das **Entwicklungsteam**. Das Scrum Team umfasst das Entwicklungsteam plus dem noch vorzustellenden Product Owner und dem Scrum Master. Das Entwicklungsteam soll cross-funktional sein. Darunter versteht man, dass dessen Mitglieder verschiedene funktionale Fähigkeiten haben, um auf das gemeinsame Ziel hinzuarbeiten. Es gibt keinen anderen Titel als "Entwickler" (engl. Developer) für Mitglieder des Entwicklungsteams.

des Teams kommuniziert. Ergebnisse und Hindernisse sind für alle Mitglieder sichtbar. Damit die wesentlichen Aspekte des Prozesses für alle Beteiligten verständlich sind, ist es erforderlich, dass diese Aspekte nach einem **gemeinsamen Standard** definiert werden, um ein gemeinsames Verständnis zu erhalten. Diese gemeinsamen Standards müssen natürlich auch umgesetzt werden. Die Definition von Done[79] in einem Projekt, die beinhaltet, welchen Zustand ein Product Increment erreicht haben muss, damit es als fertig gilt, ist ein Beispiel für einen solchen Standard.

Es herrscht **Transparenz**. Die erreichten Fortschritte des Entwicklungsteams werden nicht verborgen. Entwicklungsteam, Management und Kunde kommunizieren aufrichtig über den tatsächlich gemachten Fortschritt.

Der Einsatz von Scrum funktioniert nur, wenn Transparenz gegenüber den Managern und den Kunden herrscht.

4.3.6 "Inspect & Adapt"

Das Produkt, die Prozesse und die Methoden werden systematisch in regelmäßigen Abständen vom Team **überprüft** (engl. **inspect**), um Hindernisse und Mängel frühzeitig zu erkennen. Das Produkt selbst wird auch regelmäßig vom Kunden überprüft, was zu neuen Prioritäten für die Entwicklung der Systemfragmente führen kann.

Die Überprüfung der Erzeugnisse, Prozesse und Methoden erfolgt zum einen durch das Team, das seine Arbeitsweise reflektiert, um sich zu verbessern. Dies erfolgt in der noch zu beschreibenden "Sprint Retrospektive" (siehe Kapitel 4.7.4). Hier ist das Team angehalten, seine Arbeitsweise zu reflektieren. Zum anderen findet die Überprüfung von Produkt-Inkrementen regelmäßig im Sprint Review Meeting[80] statt. Dadurch werden **Anpassungen** initiiert.

Werden bei einer der regelmäßigen Überprüfungen der Ergebnisse (Artefakte) eines Sprints Hindernisse, Mängel oder Abweichungen an definierten Grenzwerten festgestellt, dann müssen entsprechende Anpassungen an

- den Methoden,
- den Prozessen oder
- dem Product Backlog[81]

vorgenommen werden, um weitere Abweichungen zu minimieren bzw. Mängel abzustellen und Hindernisse zu beseitigen. Grundsätzlich sind Prozesse und Methoden fortlaufend zu überdenken.

---

[79] Diese Definition wird noch erläutert werden (siehe Kapitel 4.6.4).
[80] Dabei kann der Kunde teilnehmen oder auch nicht. Das Sprint Review Meeting wird in Kapitel 4.7.3 behandelt.
[81] Das Product Backlog enthält die zu realisierenden Forderungen des Kunden. Es wird in Kapitel 4.6.1 beschrieben.

4.4 Übersicht über den Scrum-Prozess

Das folgende Bild symbolisiert den Weg eines Produkts von der Idee bis zur Auslieferung:

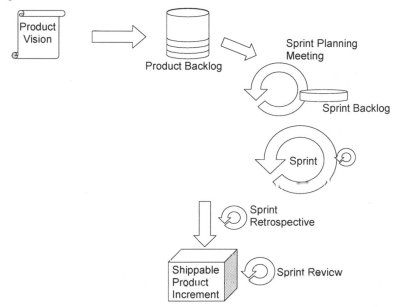

Bild 4-1 Von der Vision zum fertigen Produkt

Die Rollen bei Scrum, die Artefakte von Scrum und die von Scrum geforderten Besprechungen werden jeweils in den Kapiteln 4.5, 4.6 und 4.7 detailliert erläutert. Die genannten Rollen, Artefakte und Besprechungen sind die Elemente, aus denen Scrum besteht. Zusammengehalten werden diese Elemente durch **Regeln**, die zum großen Teil das Scrum Team selbst aufstellt, und an welche sich die Beteiligten halten müssen. Ein Beispiel für eine solche Regel ist die Definition von Done (siehe Kapitel 4.6.4).

> Ein **Sprint** ist der Zyklus, nach dem entwickelt wird. In diesem Zeitraum setzt das Entwicklungsteam die Arbeitspakete des sogenannten Sprint Backlog in ein potenziell auslieferbares Produkt um.

Alle Entwicklungsaktivitäten finden innerhalb der Timebox "Sprint" statt. Am Ende eines Sprints steht immer ein potenziell auslieferbares Produktinkrement. Während Sprints werden häufig **"Taskboards"**[82] (siehe Kapitel 4.6.2.3) und sogenannte **Burndown Charts**[83] (siehe Kapitel 4.8.1.1) zur Visualisierung des Fortschritts genutzt.

Die Arbeitspakete im Sprint Backlog sind relativ klein gehalten. Jedes Arbeitspaket sollte im Idealfall innerhalb eines Tages erledigt werden können. Jedes Mitglied des

---

[82] Ihre Verwendung ist vom Scrum Guide nicht gefordert.
[83] Ihre Verwendung ist vom Scrum Guide auch nicht verlangt.

Entwicklungsteams hat Zugriff auf die Liste der zurzeit bearbeiteten, der offenen und der bereits erledigten (Done) Arbeitspakete. Sobald ein Paket von einem Entwickler fertiggestellt wurde, wird es von diesem Entwickler als erledigt (Done) im Sprint Backlog gekennzeichnet.

> Die kontinuierliche Lieferung von theoretisch nutzbarer Software an jedem Ende eines Entwicklungszyklus (Sprint) dient dazu, die Stakeholder[84] des Kunden schon frühzeitig mit dem potenziellen Produkt zu konfrontieren, damit Änderungswünsche und Optimierungen so bald wie möglich eingearbeitet werden können.

4.5 Rollen in Scrum Teams

Im Scrum Team gibt es drei Rollen. Diese Rollen sind:

- **Product Owner** (siehe Kapitel 4.5.1),
- **Entwicklungsteam** (siehe Kapitel 4.5.2) und
- **Scrum Master** (siehe Kapitel 4.5.3).

> Ein **Scrum Team** hat drei verschiedene Rollen, den **Product Owner**, das **Entwicklungsteam** und den **Scrum Master.**

Außerhalb des Scrum Teams steht die Rolle **Stakeholder**. Der Product Owner kommuniziert mit den Stakeholdern. Die Stakeholder sollen nicht direkt auf das Entwicklungsteam zugreifen. Das hat folgenden Hintergrund:

Das Entwicklungsteam muss sich bei der Entwicklung an die Anforderungen, die vom Product Owner vorgegeben werden, halten. Anforderungen, die von jemand anderem als dem Product Owner an das Entwicklungsteam herangetragen werden, dürfen gemäß Scrum nicht vom Entwicklungsteam beachtet werden. Dadurch muss ein Stakeholder, der eine Änderung der Anforderungen erwirken möchte, immer über den Product Owner gehen.

Die folgende Tabelle skizziert die verschiedenen Rollen eines Scrum Teams:

Rolle	Product Owner (PO)	Developer	Scrum Master (SM)
Anmerkung	PO darf nicht SM sein	Entwicklungsteam	SM darf nicht PO sein

Tabelle 4-1 Rollen eines Scrum Teams

Jede Rolle hat einen definierten Aufgabenbereich, für den die entsprechenden Personen verantwortlich sind. Die folgende Tabelle zeigt die verschiedenen Aufgabenbereiche:

---

[84] Jemand, der ein Interesse an einem Projekt hat, wie ein Nutzervertreter oder ein EDV-Verantwortlicher des Kunden, aber auch Projektmitarbeiter. Dieses Interesse wirkt sich in Einflüssen auf die System-, Hardware- oder Softwareanforderungen für ein System aus.

Product Owner	Entwicklungs-Team	SCRUM Master
Organisiert das Produkt	Organisiert sich selbst + fachliche Kunst des Entwickelns	Organisiert den Entwicklungsprozess

Tabelle 4-2 Aufgaben der Rollen eines Scrum Teams

Eine grundlegende Regel von Scrum ist, dass keine Person einer Rolle einer Person einer anderen Rolle sagen darf, wie sie ihre Arbeit durchzuführen hat.

Die Aufgabe des **Entwicklungsteams** aus 2 – 9 Personen ist es, den Inhalt des in Bild 4-1 dargestellten Product Backlog in ein nützliches Produkt umzusetzen. Das Product Backlog, eine geordnete Zusammenstellung der Forderungen des Kunden, ist in Kapitel 4.6.1 beschrieben.

Ein Scrum Master und ein Product Owner können Mitglieder des Entwicklungsteams sein. Dies ist jedoch nur bei kleinen Teams üblich. Hierbei könnte es aber Konflikte geben, wenn eine Person für das Ausführen einer Rolle seine zweite Rolle vernachlässigen würde. Deshalb werden im Idealfall beide Rollen von Personen eingenommen, die nicht Teil des Entwicklungsteams sind. Die Rollen Product Owner und Scrum Master dürfen in keinem Fall von derselben Person besetzt werden.

Die Mitarbeiter des Entwicklungsteams organisieren ihre Arbeit selbst.

In den folgenden Kapiteln 4.5.1 bis 4.5.3 werden die Rollen Entwicklungsteam, Scrum Master und Product Owner vorgestellt.

4.5.1 Product Owner

Wie schon erwähnt, vertritt im Projekt der Product Owner die Interessen des Kunden.

Der **Product Owner** ist dafür verantwortlich, dass ein erfolgreiches Produkt erstellt wird. Er verantwortet den wirtschaftlichen Erfolg.

Im Folgenden werden einzelne Aufgaben des Product Owner genannt, die vor dem Hintergrund der Verantwortung der Interessenslage des Kunden und des wirtschaftlichen Erfolgs zu sehen sind:

Aufgaben des **Product Owner** sind:

- eine **gemeinsame Product Vision** zu erstellen,
- die Anforderungen aller Stakeholder zu berücksichtigen,
- jederzeit zu wissen, was das wichtigste Feature ist,
- die fachlichen Anforderungen für das **Product Backlog** zu formulieren und zu pflegen sowie
- die **entwickelte Funktionalität** des erstellten Product Increment am Ende des Sprints **abzunehmen**.

Die Erstellung und Pflege des **Product Backlog**, der die Forderungen an das System enthält, sowie die Priorisierung[85] von dessen Einträgen, sind Aufgabe des Product Owner. Er muss dafür sorgen, dass neue Kundenanforderungen in das Product Backlog einfliessen und die Einträge des Product Backlog vom Entwicklungsteam richtig verstanden werden. Der Product Owner hat dafür zu sorgen, dass das Product Backlog aktuell, für alle einsehbar, transparent und verständlich ist.

Der Product Owner hat **Weisungsbefugnis bzgl. der Anforderungen** gegenüber dem Scrum Team.

4.5.2 Entwicklungsteam

Das **Entwicklungsteam** ist verantwortlich für die Lieferung eines nützlichen Produkts.

Hierbei

- erfolgt die Sprint-Planung zusammen mit dem Product Owner,
- werden geplante Aufgaben in ein Produkt umgesetzt und
- werden Sprints organisiert.

Für den Aufbau des Teams gilt:

- Optimal sind 3 – 6 Entwickler (min. 2 / max. 9).
- Die Teams sollen interdisziplinär (cross-funktional) besetzt sein, d. h. verschiedene Fachrichtungen aufweisen.
- Die Teams sollen keinen Chef haben und keine Sub-Teams haben. Die Teams sollen also nicht hierarchisch sein

Bei größeren Teams sinkt die Effizienz, wie in folgendem Bild gezeigt wird, aufgrund der erforderlichen Kommunikation:

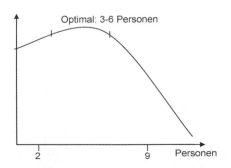

Bild 4-2 Effizienz in Abhängigkeit von der Teamgröße

---

[85] Die Priorisierung erfolgt im Hinblick auf den Geschäftswert und das Risiko.

4.5.3 Scrum Master

Der **Scrum Master** nimmt eine unterstützende Rolle ein. Er organisiert die Beseitigung von Hindernissen, sodass das Scrum Team effizienter arbeiten kann.

Das ganze Scrum Team wird vom **Scrum Master** vor störenden Außeneinflüssen geschützt[86]. Der Scrum Master sorgt dafür, dass sich alle Mitglieder des Scrum Teams an die Regeln von Scrum halten. Er unterstützt die Organisation bei der Implementierung von Scrum. Er unterstützt die Projektbeteiligten bei der Ein-arbeitung in Scrum und moderiert die Scrum-spezifischen Besprechungen.

Der **Scrum Master** ist verantwortlich für ein intaktes und hochpro-duktives Scrum Team. Er übernimmt Aufgaben, die sich auf den **Entwicklungsprozess** beziehen.

Aufgaben des **Scrum Master** sind:

- Er führt das Scrum Team durch den Scrum-Prozess und hilft dem Entwicklungs-Team ganz allgemein, eine fruchtbare Gruppen-dynamik zu entwickeln.
- Er schützt das Scrum Team vor äußeren Einflüssen.
- Er hat eine Führungsrolle ohne Weisungsbefugnis (Servant Lea-der).
- Er beseitigt Hindernisse, sogenannte Impediments, und beschafft beispielsweise fehlende Ressourcen.
- Er organisiert und moderiert die Meetings.

Durch das Führen der Meetings hat er erheblichen Einfluss auf die Motivation und Produktivität der Mitarbeiter.

4.6 Aktuelle Artefakte von Scrum

In Scrum gibt es nach dem aktuellen Scrum Guide die folgenden 4 Artefakte, die in diesem Kapitel näher erläutert werden:

- Product Backlog,
- Sprint Backlog,
- Increment bzw. Product Increment und
- Definition of Done.

Diese 4 Artefakte sollen in den folgenden Kapiteln 4.6.1 bis 4.6.4 vorgestellt werden.

---

[86] Im aktuellen Scrum Guide wird das Schützen des Teams nicht mehr explizit erwähnt. Es ergibt sich aber aus der Aufgabe des Scrum-Masters, dass er dafür sorgen muss, dass alle in der Organisati-on (im Scrum Team und außerhalb) die Regeln von Scrum verstehen und sich an diese Regeln halten.

4.6.1 Product Backlog

Das **Product Backlog** ist eine Liste von Anforderungen an das zu implementierende Produkt.

> Die Liste der Anforderungen des Product Backlog ist in Alltagssprache geschrieben. Jeder Eintrag muss mit einer Priorität[87] belegt und das Dokument nach dieser sortiert werden.[88] Der Product Owner verwaltet das Product Backlog.

Nur die **am höchsten priorisierten Einträge** werden **detailliert** beschrieben und – wenn nötig – in kleinere Einträge aufgebrochen. Der Grund für diese Vorgehensweise ist, dass sich die Anforderungen im Laufe der Zeit ändern werden und so unnötiger Aufwand eingespart werden kann.

> Für jeden Eintrag des Product Backlog muss der Aufwand für seine Realisierung geschätzt werden.

Häufig werden im Falle von Scrum sogenannte User Stories[89] verwendet, um Anforderungen zu formulieren. Bei User Stories stellt man sich die Fragen: Wer möchte was? Welcher Nutzen wird erreicht? Scrum schreibt die Verwendung von User Stories nicht vor.[90] Der Scrum Guide spricht nur von "Product Backlog Items". User Stories sind eine Praktik des Extreme Programming von Kent Beck. User Stories werden häufig verwendet und sind funktionale Anforderungen – Geschichten über das System aus Benutzersicht. Man kann aber natürlich auch nicht funktionale Anforderungen in das Backlog aufnehmen. Roman Pichler nennt Einschränkungen als Teil der nicht funktionalen Forderungen "Constraints Stories", also "Geschichten über Einschränkungen".[91]

Stories sind aber nur eine der Möglichkeiten. Niemand verbietet es, Backlog Items in beliebiger Form aufzunehmen. Der Scrum Guide, der das Regelwerk zu Scrum ist, spricht – wie bereits erwähnt – nur von **Product Backlog Items** (**PBIs**). Wie diese dargestellt werden, ist generell nicht festgelegt. Auch dies ist einer der Faktoren, warum Scrum so flexibel anwendbar ist. Man kann Scrum also auch mit klassischen Anforderungen der Form "Das System soll . . ." durchführen, wenn man will.

Story Points sind eine **häufig verwendete Darstellung** für die **Aufwandsschätzung**. Die Einträge können aber auch anders formuliert und anders geschätzt werden.

---

[87] Die Priorität wird aus dem Geschäftswert und dem Risiko bestimmt.

[88] Da es Abhängigkeiten zwischen verschiedenen Items gibt, kann die Prioritätsreihenfolge nicht immer eingehalten werden.

[89] Eine User Story ist eine knapp formulierte Software-Anforderung. Sie umfasst meist nur 1 bis 2 Sätze. Zu User Stories siehe Kapitel 2.6.2.

[90] Auch die Verwendung von Anwendungsfällen erfolgt bei Scrum häufig.

[91] Bei den nicht funktionalen Forderungen gibt es aber noch Forderungen an Qualitäten aus Systemsicht, die nicht von dem Vorhandensein bestimmter einzelner Funktionen abhängen, wie die Bedienbarkeit oder die Performance des Systems.

Der Product Owner verwaltet das Product Backlog. Er alleine bestimmt die Priorisierung der Einträge. Für den **Aufbau des Product Backlog** gelten die sogenannten DEEP-Kriterien:

D etailed appropriately	Je näher an der Umsetzung, desto feiner und **detaillierter muss ein Product Backlog Item sein.**
E mergent	Einträge in das Backlog müssen veränderlich[92] sein.
E stimated	Der Aufwand der Product Backlog Items muss geschätzt werden.
Prioritized	Product Backlog Items müssen priorisiert werden.

Änderungen im Product Backlog erfolgen aller Erfahrung nach häufig.

Eine Änderung der Priorität oder **das Entfernen von Einträgen im Product Backlog** darf nur mit dem Einverständnis des Product Owner erfolgen. Ansonsten darf das ganze Scrum Team am Product Backlog arbeiten und beispielsweise neue Einträge erstellen.

Das Entwicklungsteam hat die Aufgabe, die **Beschreibung der Einträge** des Product Backlog zu **verfeinern,** wenn diese im Product Backlog weiter nach oben wandern. Außerdem muss das Entwicklungsteam die **Einträge nach Aufwand schätzen** und im Zuge der Verfeinerung der Einträge die Schätzungen anpassen.

Es ist klar, dass Einträge ganz unten im Backlog nicht verfeinert werden. Bis diese realisiert würden, hätten sie sich mit hoher Wahrscheinlichkeit bereits wesentlich verändert. Das wäre unproduktiv.

4.6.2 Durchführung von Sprints

In den folgenden Kapiteln wird auf das Sprint Planning (siehe Kapitel 4.6.2.1), auf das Sprint Backlog (siehe Kapitel 4.6.2.2) und das Taskboard (siehe Kapitel 4.6.2.3) eingegangen.

4.6.2.1 Sprint Planning

Die vom Entwicklungsteam an der Spitze des Product Backlog entnommenen Anforderungen kommen in das Sprint Backlog.[93]

---

[92] Damit ist gemeint, dass das Product Backlog an sich veränderlich ist, dass es lebt und sich über die Zeit verändert, so wie sich auch die Anforderungen der Kunden in der Realität ändern. Außerdem soll ausgedrückt werden, dass zu Beginn eines Projektes meist viel Wissen über die wahren Anforderungen verborgen ist und daher auch noch nicht im Product Backlog abgebildet werden kann. Der Scrum Guide fordert deshalb, dass das Product Backlog konstant verbessert und überarbeitet wird. Emergent bedeutet, dass ein großer Teil des Wissens über die Anforderungen erst im Laufe der Zeit im Product Backlog auftaucht.

[93] Dadurch wird vom Entwicklungsteam für jeden Sprint dafür gesorgt, dass es nicht hoffnungslos überlastet ist.

Product Owner und Entwicklungsteam entscheiden im Sprint Planning, welche Items (dt. Einträge) in das aktuelle Sprint Backlog kommen. Es ist nicht unüblich, dass dabei auch Items mitgenommen werden, die nicht zu denen mit der höchsten Priorität gehören. Gründe können z. B. sein, dass

- diese Items thematisch gut zum anvisierten Sprintziel passen,
- für höher priorisierte Items im aktuellen Sprint nicht mehr genügend Kapazität zur Verfügung steht oder
- höher priorisierte Items noch blockiert sind, weil eine zur Umsetzung nötige Ressource noch nicht bereit steht.

Im Sprint Planning Meeting (siehe Kapitel 4.7.1) bricht das Entwicklungsteam die Anforderungen des Product Backlog in möglichst feine Arbeitspakete zur Realisierung im Rahmen eines Sprints auf. Der Aufwand eines jeden Arbeitspakets wird geschätzt.

Das Entwicklungsteam verpflichtet sich, die während des **Sprint Planning**[94] aufgestellten Ziele zu erreichen.

4.6.2.2 Sprint Backlog

Das **Sprint Backlog** beinhaltet die Arbeitspakete, die einen Sprint darstellen. Der Inhalt des Sprint Backlog resultiert aus den Anforderungen des Product Backlog. Das Product Backlog enthält alle Anforderungen an ein Produkt.

Das **Sprint Backlog** hingegen enthält

- nur die jeweiligen **Anforderungen**, die im aktuellen Sprint umgesetzt werden sollen, und
- zusätzlich zu jeder Anforderung die **Aufgaben, die erledigt werden müssen,** damit die jeweilige Anforderung als umgesetzt gilt.

Änderungen des Sprint-Backlog können unter gewissen Voraussetzungen zulässig sein. Ein Eintrag des Sprint Backlog kann vom Entwicklungsteam ergänzt bzw. verfeinert werden. Die Beschreibung eines Eintrags darf natürlich nicht so geändert werden, dass nach der Änderung plötzlich eine andere Anforderung beschrieben wird.

Die Beschreibung eines Arbeitspakets und seine **Schätzung** bilden zusammen einen Eintrag im Sprint Backlog.

Das Sprint Backlog ist häufig Änderungen unterworfen, die umgehend vom Entwicklungsteam eingetragen werden.

---

[94] Auf das Sprint Planning Meeting wird insbesondere in Kapitel 4.7.1 eingegangen.

Es ist zu beachten, dass nur das Entwicklungsteam **Änderungen** am **Sprint Backlog** vornehmen darf.

Änderungen des Entwicklungsteams sind vor allem **Informationen zum aktuellen Bearbeitungsstand** der einzelnen Einträge des Sprint Backlog. Außerdem darf das Entwicklungsteam **in Absprache** mit dem Product Owner einzelne **Einträge aus dem Sprint Backlog herausnehmen oder hinzufügen**. An der inhaltlichen Beschreibung der einzelnen Einträge des Sprint Backlog darf jedoch nichts geändert werden.

4.6.2.3 Taskboard

Zur Übersicht über die im Rahmen eines Sprints durchzuführenden **Aufgaben (Tasks)** kann ein **Taskboard** verwendet werden.[95] Dabei gibt es oft vier Spalten. Hier die **erste Spalte**:

- Spalte 1 (oft "Stories"):

  Diese Spalte enthält die **Product Backlog Items**, zu welchen sich das Entwicklungsteam im Rahmen dieses Sprints verpflichtet hat. In welcher Reihenfolge die Items innerhalb des Sprints umgesetzt werden, entscheidet nicht der Product Owner oder die Priorität im Product Backlog, sondern das Entwicklungsteam.

Die **drei weiteren Spalten** enthalten meist die **Aufgaben (Tasks)**, die aus den einzelnen Product Backlog Items resultieren und im Sprint Planning festgelegt worden sind:

- Spalte 2 ("Tasks to Do"):
  Diese Tasks sind noch nicht erledigt.
- Spalte 3 ("Work in Progress"):
  Diese Tasks sind in Bearbeitung.
- Spalte 4 ("Done"):
  Diese Tasks sind fertiggestellt.

Im Daily Scrum erklärt jedes Mitglied des Entwicklungsteams mit Hilfe des Taskboards, welche Aufgabe es am Vortag bearbeitet hat und ob diese Aufgabe erledigt worden ist.

---

[95] Das Team kann frei wählen, wie es den Sprint organisiert. Ein Taskboard ist dabei von Scrum nicht vorgeschrieben, wird aber üblicherweise eingesetzt.

4.6.3 Product Increment

Ein **Increment** bzw. **Product Increment** ist das Ergebnis eines Sprints[96]. Ein Product Increment ist potenziell auslieferbar.

Ein Product Backlog Item, das in einem Sprint eingeplant wurde, sollte in diesem Sprint als Product Increment vollständig umgesetzt werden, d. h. der vereinbarten Definition von Done genügen. Falls ein Product Backlog Item der Definition von Done noch nicht genügt, darf es nicht in ein Product Increment einfliessen. Im Idealfall ist jedes entstandene Product Increment lauffähig, getestet, dokumentiert und eine zusätzliche Funktionalität zu den vorherigen Product Increments. Der Vorteil der frühen Erstellung von potenziell auslieferbaren Versionen eines Produkts ist, dass die strategische Projektplanung frühzeitig wegen der Rückmeldung des Kunden in die richtige Richtung beeinflusst werden kann. Anhand der Inkremente kann ein Kunde seine "**wahren**" **Anforderungen** erkennen.

4.6.4 Definition of Done

In Scrum wird zu Projektbeginn eine **Definition of Done** durch das gesamte Team erarbeitet und verabschiedet. Sie beschreibt das Qualitätsverständnis eines Teams und enthält alle Qualitätsmerkmale, die erfüllt sein müssen, damit ein Backlog Item, also ein Eintrag des Product Backlog, als fertig (Done) gilt. Der Product Owner[97] prüft die vom Entwicklungsteam erledigten Arbeiten auf Vollständigkeit in Bezug auf die Definition von Done. Ein Scrum Team könnte sich z. B. darauf einigen, ein Arbeitspaket, das codiert, dokumentiert, gebaut und getestet ist, als Done zu betrachten.

Zudem wird durch Scrum explizit die ständige Überprüfung der Artefakte und des Projektfortschritts gefordert, um unerwünschte Abweichungen zu erkennen und entsprechende Gegenmaßnahmen einzuleiten.

4.7 Besprechungen

Im Folgenden werden das Sprint Planning Meeting (siehe Kapitel 4.7.1), das Daily Scrum (siehe Kapitel 4.7.2), das Sprint Review Meeting (siehe Kapitel 4.7.3) sowie die Sprint Retrospektive (siehe Kapitel 4.7.4) beschrieben.

---

[96] Im Sprint wird ein Inkrement erzeugt. Ausgeliefert an den Kunden wird das bis zu diesem Sprint produzierte System samt dem Inkrement. Natürlich steht beim Sprint Review das Inkrement im Zentrum des Interesses.

[97] siehe Kapitel 4.5.1

4.7.1 Sprint Planning Meeting

Das **Sprint Planning Meeting** wird vor jedem Sprint gehalten. Das Sprint Planning Meeting soll bei einem 4-wöchigen Sprint insgesamt maximal 8 Stunden dauern. Ziel dieser Besprechung ist es, einen Plan zu entwickeln, der beschreibt, wie die am höchsten priorisierten Anforderungen aus dem Product Backlog in ein auslieferbares Produktinkrement umzusetzen sind.

Das Sprint Planning Meeting ist in zwei Teile unterteilt, die im Folgenden näher erläutert werden:

- Im **ersten Teil** entscheidet das Entwicklungsteam alleine, wie viel im nächsten Sprint umgesetzt werden soll. Denn nur das Entwicklungsteam kann die erforderlichen Aufwände abschätzen. Für diese Entscheidung wird die Verfügbarkeit der einzelnen Mitglieder und die Performance des Entwicklungsteams im letzten Sprint in Betracht gezogen. Abschließend formulieren das Entwicklungsteam und der Product Owner zusammen ein **übergeordnetes Sprint-Ziel**. Es wird die Frage geklärt, warum ein Produktinkrement hergestellt werden soll.

- Im **zweiten Teil** erarbeitet sich das Entwicklungsteam ein **Design** für die Umsetzung der ausgewählten Anforderungen und definiert dabei Arbeitspakete, die als **Einträge des Sprint Backlog** notiert werden. Die Realisierung jedes Eintrags des Sprint Backlog muss geschätzt werden, um bei der dann durchgeführten Entwicklung die Geschwindigkeit des Entwicklungsteams messen zu können.[98] Der Product Owner sollte bei der **Abschätzung des Aufwands** anwesend sein, um möglichst rasch Fragen zu den Anforderungen bzw. Details abklären zu können.[99]

4.7.2 Daily Scrum

Das **Daily Scrum** ist eine maximal 15-minütige Besprechung, die während eines Sprints täglich abgehalten wird. Diese Besprechung ist ein geschütztes[100] Meeting, an dem nur das Entwicklungsteam und der Scrum Master teilnehmen. Es erfolgt ein **Informationsaustausch über den aktuellen Stand und Fortschritt**. Ferner wird die **Planung für den nächsten Tag** gemacht.

Es ist eine gängige Praxis, aber nicht vorgeschrieben, dass ein Sprint Burndown Chart zur Planung verwendet wird (siehe Kapitel 4.8.1). Dieser wird dann im Daily Scrum aktualisiert.

---

[98] Diese Geschwindigkeit wird gebraucht, um Vorhersagen für die Bearbeitung von Aufgaben treffen zu können.

[99] Noch wichtiger ist der Product Owner eigentlich beim Erstellen des Designs, da hier erfahrungsgemäß die meisten inhaltlichen Fragen zu den Items auftauchen.

[100] "Geschützt" meint hier, dass niemand von außerhalb des Scrum Teams teilnimmt. Der Product Owner wird hier zwar nicht benötigt, darf aber im Normalfall als stiller Beobachter teilnehmen, wenn er das möchte.

Das Daily Scrum fördert die Kommunikation im Entwicklungsteam und deckt Hindernisse frühzeitig auf. Jedes Mitglied des Entwicklungsteams beantwortet die folgenden 3 Fragen:

1. Was habe ich seit dem letzten Daily Scrum erreicht?
2. Was plane ich, bis zum nächsten Daily Scrum zu erreichen?
3. Was hindert mich bei der Bewältigung meiner Arbeiten?

4.7.3 Sprint Review Meeting

Das **Sprint Review Meeting** wird am Ende eines jeden Sprints abgehalten. Das Sprint Review Meeting dient der **Präsentation des erstellten Produktinkrements**. Das Scrum Team und die Stakeholder begutachten das Ergebnis und erarbeiten die nächsten Schritte ("inspect & adapt" bezüglich des Produkts).

Das Sprint Review Meeting hat aber dennoch vor allem informellen Charakter, um die weitere Zusammenarbeit zu fördern.

Der Product Owner überprüft vor dem Sprint Review Meeting, ob das Entwicklungsteam das Inkrement ordnungsgemäß umgesetzt hat und bestimmt, ob es wirklich fertig und somit auslieferbar ist. Im Sprint Review Meeting wird das Inkrement allen Projektbeteiligten vorgestellt. Es soll nur Funktionen enthalten, die vollständig umgesetzt sind.

Das Sprint Review Meeting dauert maximal 4 Stunden bei einem 4-wöchigen Sprint. Bei kürzeren Sprints wird die Dauer proportional gekürzt.

4.7.4 Sprint Retrospektive

Innerhalb der **Sprint Retrospektive** soll das Entwicklungsteam – animiert durch den Scrum Master – den **vergangenen Sprint analysieren**.

Es soll erörtert werden, was gut funktioniert hat, aber auch, was in Zukunft besser gemacht werden sollte, damit der kommende Sprint angenehmer und effizienter gestaltet werden kann. Es soll unter anderem über Menschen, Beziehungen, Prozesse und Tools nachgedacht werden und es sollen mögliche Verbesserungen eingeführt werden ("inspect & adapt" bezüglich des Entwicklungsprozesses).

4.8 Ehemalige Artefakte von Scrum

Die folgenden Artefakte

- Release Burndown-Chart,
- Sprint Burndown-Chart und
- Relase Planning Meeting

sind keine offiziellen Artefakte des aktuellen Scrum Standards mehr. Da sie aber nach wie vor häufig verwendet werden, werden sie in den folgenden Kapiteln 4.8.1 bis 4.8.2 beschrieben. In Kapitel 4.9 werden die nie im Scrum Guide erwähnte – aber dennoch praktizierte – Product Vision und der Impediment Backlog beschrieben.

4.8.1 Burndown Charts

Burndown Charts sind inzwischen keine offiziellen Artefakte von Scrum mehr. Sie wurden ersetzt durch die allgemeine Forderung, dass der Produktfortschritt transparent gemacht werden muss, ohne genau festzulegen, wie dies geschehen soll. In der Praxis werden weiterhin oft Burndown Charts verwendet, um der Forderung der Transparenz gerecht zu werden.

Üblicherweise wird auch in Scrum-Projekten eine Releaseplanung gemacht. Der Begriff Release wird im Scrum Guide nicht erwähnt. Unter einem Release wird üblicherweise ein bestimmter Stand der Software eines Produkts verstanden, der an alle oder nur an bestimmte Nutzer herausgegeben wird.

Das **Sprint Burndown Chart** soll den **Fortschritt des aktuellen Sprints** darstellen, das **Release Burndown Chart** analog dazu den **Fortschritt des aktuell geplanten Release**.

4.8.1.1 Sprint Burndown Chart

Ein **Sprint Burndown Chart** dient dem Entwicklungsteam dazu, den **Fortschritt eines Sprints** zu verfolgen.

Während des Daily Scrum werden die Schätzungen der Aufwände für die Realisierung der verbleibenden Arbeitspakete gezählt und für den aktuellen Tag eingetragen. Dadurch kann erkannt werden, wie viel Arbeit zur Fertigstellung eines jeden Pakets noch notwendig ist. Werden die Einträge der Aufwände, die an verschiedenen Tage geschätzt werden, miteinander verbunden, entsteht eine Kurve und eine Tendenz ist zu erkennen. Es ist nur wichtig, zu erkennen, wie viel Arbeit noch bis zum Fertigstellungsdatum verbleibt.

4.8.1.2 Release Burndown Chart

Die Zeitspanne zwischen zwei Releases kann unterschiedlich lang sein, im Regelfall aber eher mehrere als nur einen einzigen Sprint.[101]

Der **verbleibende Aufwand für ein Release** kann über der Zeit in einem sogenannten **Release Burndown Chart** aufgezeichnet werden.

---

[101] Sonst wäre das Sprint Burndown Chart gleichzeitig auch das Release Burndown Chart.

Um den Fortschritt innerhalb eines noch größeren zeitlichen Rahmens als dem nächsten Release darzustellen, können beispielsweise auch Burndown Charts verwendet werden, die den aktuellen Fortschritt aller Funktionen einer bestimmten Mindestpriorität darstellen.

4.8.2 Release Planning

In diesem Kapitel wird das **Release Planning** skizziert, das früher Bestandteil des Scrum Standards war.

Beim **Release Planning** entscheidet das Scrum Team, welche **Funktionalitäten** in einem Release realisiert werden und welche **Ziele** erreicht werden sollen. Es wird ein Release Plan erstellt, der beschreibt, wie das Team am effizientesten von einer Vision zu einem fertigen Produkt gelangen soll.

Der Release Plan ist wichtig, um den Fortschritt von Sprint zu Sprint zu beobachten und gegebenenfalls Anpassungen vorzunehmen. Die eigenen Anforderungen an die Kundenzufriedenheit und an das Return on Investment sollen bei der Diskussion im Auge behalten werden. Denn sie gilt es zu erfüllen oder sogar zu übertreffen.

Neben den Anforderungen an ein Produkt werden auch die **Hauptrisiken**, der **wahrscheinliche Zeitpunkt der Auslieferung** und die **Kosten** bestimmt. Diese Werte können ihre Gültigkeit verlieren, sobald Änderungen aufkommen. Um den Lieferzeitpunkt zu bestimmen, ist es notwendig, den Aufwand für jede Anforderung abzuschätzen. Es gibt auch Ansätze, diese Aufwände in einem getrennten **Estimation Meeting** zu schätzen. Auf das Estimation Meeting soll hier jedoch nicht weiter eingegangen werden.

4.9 Weitere nicht Scrum-Artefakte

Weitere nützliche Artefakte, die jedoch nicht Bestandteil des Scrum-Standards sind werden in den Kapiteln 4.9.1 und 4.9.2 aufgeführt.

4.9.1 Product Vision

Die Product Vision zählte noch nie zu den Artefakten von Scrum.

Die **Product Vision** beschreibt den Grund für die Durchführung und das angestrebte Ergebnis eines Projektes. Sie legt die **Richtung, in die das Projekt laufen soll**, fest.

Dabei ist es wichtig, dass alle an dem Projekt beteiligten Personen – vom Kunden über die Unternehmensleitung bis hin zu den Entwicklern – die Vision als das übergeordnete Ziel des Projektes anerkennen. Die wichtigsten Punkte, die in der Vision festgelegt werden sollten, sind:

- Wer ist die Zielgruppe des Produktes?
- Welche Kundenbedürfnisse sollen durch das Produkt erfüllt werden?
- Welche Eigenschaften des Produktes sind am Wichtigsten für die Erfüllung dieser Aufgaben?
- Wie ist die Konkurrenzsituation am Markt? Welche Alleinstellungsmerkmale bietet mein Produkt?
- In welchem Zeit- und Kostenrahmen soll das Produkt entwickelt werden?

4.9.2 Impediment Backlog

Das Impediment Backlog ist auch nicht Bestandteil des Scrum-Standards.

Ein **Impediment Backlog** wird vom Scrum Master verwaltet und stellt eine **Liste der Hindernisse**, die das Team bei der Arbeit behindern oder blockieren, dar. Im Impediment Backlog sollte jedes Hindernis sorgfältig analysiert und mit dem Datum des ersten Auftretens und dem Datum der Beseitigung versehen werden.

Neue Einträge in das Impediment Backlog entstehen meist während des Daily Scrum Meeting (siehe Kapitel 4.7.2) oder während der Sprint Retrospektive (siehe Kapitel 4.7.4).

4.10 Projektumsetzung mit Scrum

Scrum kümmert sich nicht um die Technik. Scrum kümmert sich quasi nur um die "Produktion". Man muss deshalb beispielsweise zusätzlich wissen, **was zu welcher Zeit** in einem Projekt **technisch einfach fällig** ist und nicht verschoben werden sollte. Es handelt sich hier nicht nur um Entscheidungen. Auch Vorbereitungen müssen angeschoben werden. Auch der Bereich der **Projektüberwachung** sollte in vielen Projekten verstärkt werden. Man kann die gesamte Verantwortung für den wirtschaftlichen Erfolg nur bei sehr kleinen Projekten auf eine einzige Person, nämlich den Product Owner, abladen.

Eine erfolgreiche Projektdurchführung mit Scrum hängt ab von

- der **Eignung von Scrum** für das betreffende Projekt,
- einer **erfolgreichen Projektvorbereitung** sowie
- einer **erfolgreichen Projektbegleitung**.

Diese Punkte werden in den Kapiteln 4.10.1 bis 4.10.3 diskutiert.

4.10.1   Eignung von Scrum für ein Projekt

Die folgenden Kriterien sollten bei der potentiellen Auswahl von Scrum betrachtet werden:

- **Komplexität eines Projekts**

  Ein empirisches[102] Vorgehen wie Scrum eignet sich besonders gut bei der Entwicklung von Produkten, bei denen **mehr unbekannt als bekannt** ist. Man befindet sich also im komplexen Bereich der Stacey-Matrix. In diesem Fall weiß der Kunde zu Beginn noch nicht genau, was er möchte, d. h., zu Projektstart gibt es sehr viele unklare Anforderungen. Außerdem ist noch nicht bekannt, auf welche technologischen Probleme man im Projektverlauf stoßen wird.

  Bei Projekten, bei denen die Anforderungen und Rahmenbedingungen fast vollständig bekannt sind, können auch sehr gut traditionelle Vorgehensmodelle wie das spezifikationsorientierte Wasserfallmodell eingesetzt werden. In diesem Fall sind alle Anforderungen zu Beginn des Projektes gut erfasst und beschrieben und zwischen den Projektteilnehmern herrscht ein einheitliches Verständnis. Je mehr unbekannte Faktoren im Projekt auftreten, desto eher empfehlen sich agile Methoden, die es erlauben, schnell und flexibel auf Änderungen zu reagieren.

- **Die Sicherheitsrelevanz**

  Systeme mit hoher Kritikalität der funktionalen Sicherheit müssen meist schon aus Gründen der Produkthaftung spezifikationsorientiert entwickelt werden.

- **Unternehmenskultur**

  Die Firma muss den Wandel von einer hierarchischen Struktur zu einem **kooperativen Führungsstil** mittragen. Der psychische Aspekt einer solchen Veränderung darf nicht unterschätzt werden. Das Management gibt Ziele vor und stellt die erforderlichen Ressourcen zur Verfügung. Das Team organisiert sich eigenständig und entscheidet selbst, wie es seine Arbeit durchführt. Es löst als Gruppe gleichberechtigter Mitglieder die ihm gestellte Aufgabe.

- **Selbständigkeit des Entwicklungsteams und Verfügbarkeit der Mitarbeiter**

  Scrum fordert ein großes Maß an Eigeninitiative und Verantwortung innerhalb des Entwicklungsteams. Nicht alle Mitarbeiter sind in der Lage, damit umzugehen. Es gibt durchaus Mitarbeiter, denen es entgegenkommt, wenn ihnen genau vorgegeben wird, welche Aufgaben in welcher Form zu erledigen sind. Die Kontrolle und Vorgabe eines Vorgesetzten gibt ihnen das sichere Gefühl, das Richtige zu tun. Für diese Mitarbeiter wäre der Einsatz in Scrum-Projekten nicht von Vorteil. Die Selbstorganisation im Entwicklungsteam beinhaltet auch den Grundsatz, dass es im Team keine permanente Hierarchie geben darf. Sind Mitglieder nicht bereit, ihre bisherige hierarchische Position innerhalb des Entwicklungsteams aufzugeben, kann dies zu Konflikten führen.

  Die Mitarbeiter sollten zudem zu 100% für ihr Scrum-Projekt zur Verfügung stehen. Die Harmonie eines gut laufenden Scrum Teams sollte nicht durch unnötigen Personalaustausch gestört werden. Störungen der Produktivität und der Gruppen-

---

[102] Mit empirischem Vorgehen ist gemeint, dass das Vorgehen im Projekt nicht auf einem theoretischen Modell beruht, sondern sich auf im Projekt erhobene Daten, Befragungen und Erfahrungen stützt.

dynamik eines Teams infolge der Einarbeitung von Ersatzpersonen sollten vermieden werden.

- **Teamgröße**

  Der Scrum Guide beschränkt die Zahl der Teammitglieder auf 2 – 9 Personen in einem einzelnen Entwicklungsteam.

  Ein Scrum Team arbeitet im Idealfall gemeinsam in einem **einzigen Raum.** Dadurch kann eine optimale wechselseitige Kommunikation der Team-Mitglieder gewährleistet werden, wodurch das Zusammenwirken der Teammitglieder und eine bessere Selbstorganisation des Teams gefördert wird.

  Je größer die **Teamgröße** ist, desto schwieriger wird die Kommunikation und Koordination innerhalb eines Teams. Bei größeren Teams kann man schnell an die Grenzen der Umsetzbarkeit von Scrum für ein einziges Scrum-Team stoßen, da der erhöhte Kommunikations- und Verwaltungsaufwand die **Flexibilität** und die **schnelle Anpassung an Veränderungen**, die als Vorteile bei einer agilen Arbeitsweise gelten, einschränkt. Viele Mitarbeiter erzeugen stets einen höheren Koordinationsaufwand als wenige Mitarbeiter. Der Scrum Guide macht zu Projekten mit sehr hohen Mitarbeiterzahlen keine Aussage. Es gibt aber Ansätze wie beispielsweise Large Scale Scrum (LeSS), bei denen man mit vielen Scrum-Teams aus jeweils 3-9 Personen arbeitet, um die notwendige Manpower zu erreichen.

  In diesem Buch sollen die verschiedenen Ansätze zur Organisation vieler paralleler Scrum-Teams nicht diskutiert werden.

- **Qualifikation der Mitarbeiter**

  Ein Entwicklungsteam sollte als Team alle Fähigkeiten besitzen, um die Aufgaben eines Sprints zu bearbeiten.[103] Auch wenn einzelne Teammitglieder spezialisierte Fähigkeiten besitzen, so übernimmt jedoch immer das Team als Ganzes die Verantwortung zur Erstellung eines Inkrements des zu erstellenden Systems. Einzelne Rollen wie Tester, Programmierer oder Architekt sind in Scrum nicht vorgesehen, auch wenn diese Tätigkeiten natürlich durchgeführt werden. Scrum kennt keine andere Rolle außer "Entwickler". Bei der Personalplanung darf aber keinesfalls nur von der reinen Kopfzahl ausgegangen werden. Es muss unbedingt die Qualifikation der jeweiligen Projektmitarbeiter berücksichtigt werden, damit das Team in der Lage ist, die Forderungen des Kunden zu erfassen und umzusetzen.

4.10.2   Projektvorbereitung

Bevor mit der eigentlichen Produktentwicklung begonnen wird, sollten vor dem ersten Sprint, der bereits ein Produkt liefert, Vorbereitungen für das Projekt selbst durchgeführt werden. In der Literatur wird für die **Projektvorbereitung** oftmals der Begriff **"Sprint 0"** verwendet. Dieser Begriff umfasst alle Tätigkeiten, die durchgeführt werden müssen, um mit der eigentlichen Produktentwicklung zu beginnen. "Sprint 0"

---

[103] Das Entwicklungsteam soll cross-funktional sein. Darunter versteht man, dass dessen Teammitglieder verschiedene funktionale Fähigkeiten haben, um auf das gemeinsame Ziel hinzuarbeiten.

schafft also die Voraussetzungen für eine erfolgreiche Projektabwicklung. Allerdings ist die Verwendung dieses Begriffes umstritten, da als Ergebnis eines Sprints eigentlich immer ein potenziell auslieferbares Inkrement mit einem Wert für den Kunden geliefert werden sollte. Im "Sprint 0" wird jedoch kein Produkt mit Wert im eigentlichen Sinne von Scrum hergestellt.

Es empfiehlt sich – wenn möglich –, die Vorbereitung ebenfalls auf einen bestimmten Zeitrahmen von 2 bis maximal 4 Wochen zu beschränken, um nicht so lange "unproduktiv" zu sein.

Die folgenden für die **Projektvorbereitung** entscheidenden "zentralen" Aspekte sollten abgeklärt werden:

- **Erstellen einer Projektvision mit Kosten und Risiko**

  Die grundlegende **Projektvision** wird erörtert, ein grobes **Budget** wird festgelegt und Verantwortlichkeiten werden vergeben. Hierzu gehört ggf. das Durchführen einer **Risikoanalyse**, falls erforderlich und falls sie nicht bereits in der Vorplanung des Projektes erfolgte. Die **Stakeholder** werden identifiziert und die **Rollen des Scrumteams** vergeben.

- **Herstellung der technischen Arbeitsfähigkeit**

  Dies betrifft

  – den Aufbau der benötigten Entwicklungsumgebung,
  – die Erstellung der Programmierrichtlinien und Testkonzepte,
  – die Planung des Umgangs mit der Kritikalität des Systems und
  – das Erstellen einer ersten Architektur.

  Scrum als Rahmen für Vorgehensmodelle hat selbst mit der Architektur eines Systems nichts zu tun. Eine Architektur muss es gewährleisten, dass die funktionalen und nicht funktionalen Anforderungen eines Systems erfüllt werden können. Üblicherweise werden beim Finden einer Architektur mehrere Alternativen gegeneinander abgewogen.

  Wegen der fundamentalen Bedeutung der Softwarearchitektur für die Struktur und das Zusammenwirken der Bauteile eines Systems sind Änderungen der Architektur im Nachhinein sehr aufwendig und kostenintensiv. In Scrum wird üblicherweise der Ansatz **"Enough Design Up Front"** eingesetzt, wobei ein gewisses Maß an Vorausplanung angewendet wird. Die **Architektur** wird anschließend **iterativ weiterentwickelt**.

  Bei der Dokumentation der Architektur beschränkt man sich zu Beginn auf das Nötigste, also "Enough Design Up Front". Die Dokumentation der Architektur kann dann in jeder Iteration verbessert, erweitert und detaillierter ausgearbeitet werden.

  Architekturrelevante Anforderungen werden durch den Product Owner in Zusammenarbeit mit seinen Stakeholdern in eine Reihenfolge gebracht und in den Product Backlog aufgenommen.

- **Herstellen der methodischen Arbeitsfähigkeit für Scrum**

  Hierzu gehören:

  - Das Erstellen der **ersten Epics**[104].
  - Den **Product Backlog** mit den ersten Product Backlog Items prioritätsgerecht **befüllen**.
  - Das **Erstellen einer initialen Version der Definition of Done**.
  - Das Herstellen eines **gemeinsamen Verständnisses für den Problembereich**.
    Hierzu wird gerne Domain-Driven Design verwendet (siehe Kapitel 6.1).
  - Das **Herstellen eines gemeinsamen Verständnisses für die Vision und die Struktur des Systems**.
    Hierzu wird gerne User Story Mapping verwendet (siehe Kapitel 6.2).

- **Festlegung der Strategie für die Auslieferung**

  Hierzu gehört:

  - Das Festlegen einer **initialen Releaseplanung**.

4.10.3 Projektbegleitung

Die **notwendige Projektbegleitung** umfasst:

- Das Sicherstellen der Qualität (siehe Kapitel 4.10.3.1).
- Das Überwachen von Zeit, Kosten und Risiko (siehe Kapitel 4.10.3.2).
- Das Sicherstellen der geforderten funktionalen Sicherheit des Systems (siehe Kapitel 4.10.3.3).

4.10.3.1 Sicherstellen der Qualität

In diesem Kapitel werden betrachtet:

- die Definition of Done,
- "inspect and adapt",
- bewährte Qualitätssicherungsverfahren,
- die Performance des Systems und
- das Testkonzept.

Diese Punkte werden im Folgenden diskutiert:

- **Definition of Done**

  Die **Definition of Done** (siehe Kapitel 4.6.4) beschreibt das Qualitätsverständnis eines Entwicklungsteams und enthält alle Qualitätsmerkmale, die erfüllt sein müssen, damit ein Backlog Item als fertig (Done) gilt.

---

[104] Wie in Kapitel 2.6.2.5 erwähnt, besteht ein Epic aus mehreren kleineren Geschichten.

- **"inspect and adapt"**

  Außerdem wird vom Scrum Guide die ständige Überprüfung der Artefakte und des Projektfortschritts gefordert, damit unerwünschte Abweichungen erkannt werden können und entsprechende Gegenmaßnahmen getroffen werden können.

- **Bewährte Qualitätssicherungsverfahren**

  Um ein Qualitätsmanagement zu etablieren, kann auch eine Kombination von Scrum mit anderen Verfahren wie CMMI[105] sinnvoll sein, um sicherzustellen, dass entscheidende Aktivitäten wie

  – die Projektplanung,
  – das Risikomanagement oder
  – das Configuration Management

  durchgeführt werden. CMMI hilft dadurch der Organisation, ihre Prozesse zu verbessern.

- **Die Performance des Systems**

  Zur Sicherstellung der Qualität gehört auch das **Überwachen der Performance**.

  Bei Software-Projekten steht bei Scrum das Erzeugen funktionierender Software im Fokus. Dabei müssen funktionale und nicht funktionale Forderungen erfüllt werden. Die **Performance** gehört zu den nicht funktionalen Anforderungen an eine Anwendung.[106] Die Performance kann durch verschiedene Eigenschaften wie beispielsweise Antwortzeit, Datendurchsatz oder Ressourcenauslastung charakterisiert werden. Für die Überprüfung der Performance einer Lösung muss, so rasch es geht, ein **Performance-Prototyp** geschrieben werden.

  Durch die Einführung eines **Application Performance Management** kann die Performance während der Entwicklung sichergestellt und können auftretende Performance-Probleme so früh wie möglich gefunden und behoben werden. Ein sinnvolles Application Performance Management umspannt dabei immer den kompletten Lebenszyklus eines Systems. Es umfasst beispielsweise

  – die Definition von konkreten Performance-Zielen,
  – die Qualitätssicherung der Architektur hinsichtlich Performance, Last- und Stabilitätstests und
  – eine Ursachenanalyse.

  Der Product Owner muss Anforderungen an die Performance nur formulieren, erklären und prüfen können. Der Product Owner braucht keinerlei technische Kenntnisse in diesem Bereich, weil er dem Entwicklungsteam gar nicht vorschrei-

---

[105] Ein Reifegradmodell des Software Engineering Institute an der Carnegie Mellon University Pittsburg, das einzelne Prozesse bewertet.
[106] Wenn es Anforderungen bezüglich der Performance oder sonstige nicht funktionale Anforderungen gibt, müssen diese, sobald der Product Owner Kenntnis davon hat, in das Product Backlog bzw. in die Definition of Done aufgenommen werden, damit sie transparent sind. Für nicht funktionale Anforderungen gelten dabei die gleichen Spielregeln wie für funktionale Anforderungen.

ben darf, wie es das System zu entwerfen hat, um eine bestimmte Anwendungs-performance zu erreichen.

Das **Entwicklungsteam** ist für die technische Umsetzung der Anforderungen und damit für die Auswahl und das Einrichten einer Testumgebung verantwortlich. Es testet die Anwendung auf Fehler und führt verschiedene **Performance-Tests** wie beispielsweise Lasttests, Stresstests oder Kapazitätstests durch.

- **Testkonzept**

In Scrum soll am Ende eines jeden Sprints ein potenziell auslieferbares Produkt stehen, das beim Kunden sofort eingesetzt und verwendet werden kann. Es muss daher sichergestellt werden, dass alle Anforderungen richtig umgesetzt wurden und dass das Produkt korrekt funktioniert. Das erfordert, dass Tests nicht erst zu Ende des Projektes, sondern während des gesamten Entwicklungsprozesses durchgeführt werden. Dieser Herausforderung kann nur mit einem hohen Auto-matisierungsgrad begegnet werden. Hierzu müssen **Prüfwerkzeuge** eingesetzt werden, die in unterschiedlichen Testphasen wiederverwendet werden können, sowie eine entsprechende Infrastruktur bereitgestellt werden. Der zusätzliche Aufwand bei der Einführung **automatisierter Tests** kann dabei durch die ständige Wiederholung der Testzyklen zumindest teilweise ausgeglichen werden.

Der Vorteil des Einsatzes einer **testgetriebenen Entwicklung** ist, dass sich der Entwickler schon im Vorfeld Gedanken über das Design und die Funktionalität der Testlinge macht. Mögliche Testarten sind dabei Unit-Tests bei der Verwendung von Test Driven Design oder Akzeptanztests. Akzeptanztests können im Rahmen des Acceptance Test-Driven Development (ATDD) durchgeführt werden.

Ein weiterer Ansatz zur Optimierung der Softwarequalität ist die **Continuous Integration**, bei der die Komponenten nach ihrem Vorliegen sofort zusammen-gefügt und automatisch in einem Build-System wie beispielsweise Jenkins kompiliert und getestet werden. Durch die ständige Integration und Ausführung von Unit-Tests können potenzielle Probleme und Fehler frühzeitig entdeckt und behoben werden. Außerdem ist ständig ein lauffähiges System zu Demo- oder Testzwecken verfügbar und dem Kunden kann jederzeit ein lauffähiges System zum Einsatz geliefert werden.

4.10.3.2 Überwachen von Zeit, Kosten, Risiko und Leistung

Die Überwachung kritischer Erfolgsfaktoren wie Zeit, Kosten, Risiko und Leistung gehört zu den Grundfunktionen des Projektmanagements und muss auch in agilen Projekten sichergestellt werden. Hierzu können entsprechende Kennzahlen aus-gewählt und eingesetzt werden.

4.10.3.3 Sicherstellen der geforderten funktionalen Sicherheit des Systems

Eine Anwendung wird als "sicherheitskritisch" bezeichnet, wenn sie in einem risiko-behafteten Umfeld betrieben wird und eine Fehlfunktion fatale materielle oder immaterielle Auswirkungen hätte wie beispielsweise den Verlust von Menschenleben oder einen schweren Sachschaden. Zu sicherheitskritischen Systemen zählen z. B. medizinische Geräte wie Bestrahlungsgeräte zur Strahlentherapie oder Flugzeug-software.

Bei der Entwicklung von sicherheitskritischen Systemen ist die Einhaltung der funktionalen und nicht-funktionalen Anforderungen, die diese Erwartungen erfassen, entscheidend. Um Fehler in der Logik, dem Entwurf und in der Implementierung zu verhindern, die eine Gefahr für Mensch und Umwelt darstellen können, müssen solche funktionalen und nicht funktionalen Anforderungen bereits zu Projektbeginn vollständig erfasst und dokumentiert werden. Zudem wird eine kontinuierliche, **vollständige Dokumentation sicherheitskritischer Anforderungen** über den gesamten Entwicklungsprozess, die **Verfolgung der sicherheitskritischen Anforderungen** und das Einhalten der entsprechenden **Sicherheitsrichtlinien** verlangt, um damit die Sicherheit des Systems zu belegen.

Um Scrum auch bei der Entwicklung sicherheitskritischer Systeme zu verwenden, kann eine Qualitätssicherung eingesetzt werden, die die Erfüllung aller sicherheitskritischen Anforderungen überwacht. Im Vorfeld müssen diese mit dem Kunden erfasst und in das Product Backlog aufgenommen werden. In der Definiton von Done, die beschreibt, wann ein Inkrement als fertig angesehen werden kann, kann die Einhaltung bestimmter sicherheitskritischer Anforderungen als Kriterium aufgenommen werden, um sicherzustellen, dass diese durch Änderungen nicht gefährdet werden.

Entscheidend ist

- die Einhaltung der betreffenden Sicherheitsrichtlinien,
- eine enge Zusammenarbeit mit dem Kunden und
- das Erstellen einer guten Dokumentation, mit deren Hilfe nachgewiesen werden kann, dass das System nach state of the art entwickelt wurde.

In kundenbezogenen Projekten wird der Kunde auch in den Sprint Reviews mit einbezogen, um so eine Rückmeldung aus Sicht des Kunden bezüglich der Einhaltung sicherheitskritischer Anforderungen zu erhalten.

4.11 Vor- und Nachteile von Scrum

Zusammenfassend können die folgenden **Vorteile** von Scrum genannt werden:

- **Inkrementelle Auslieferung von Produktteilen in kurzen Zeitabständen**

  Ein lange Planungszeit wird vermieden, was gut ist, da Forderungen sich schnell ändern können.

- **Erhöhung der Motivation durch Selbstbestimmung**

  Ein Projekt nach Scrum ist ein "Mannschaftssport". Sich selbst organisierende Teams fördern die Identifizierung des Einzelnen mit dem Projekt und den Teamgeist. Zwar trägt jeder einzelne Mitarbeiter Verantwortung für das Projekt, die aber in Absprache übernommen und nicht einfach zugewiesen wird. Die Verantwortung ist aber geteilt, da durch die regelmäßige offene Kommunikation letztendlich die Verantwortung von allen getragen wird und damit der Einzelne entlastet wird. Das Team findet selbstständig den effizientesten Weg, mit der

Umsetzung der Aufgaben fertig zu werden. Das fördert die **Motivation** jedes Einzelnen.

- **Verbesserte Kommunikation und Transparenz**

  - Durch die täglichen Meetings erfährt jeder, woran gearbeitet wird und welche Probleme bestehen. Nichts ist verborgen.
  - Durch kleine Teams erreicht man ein gutes **shared understanding**.

- **Schnelles Feedback und Anpassung – selbstlernende Organisation**

  Das Feedback im Entwicklungsteam und durch den Kunden erfolgt rasch. Der Kunde bestimmt, was gebaut wird (work on demand). Damit wird die "Blindleistung" verringert.

  Durch den Einsatz von Scrum stellt sich eine kontinuierliche Verbesserung ein, da das Scrum-Team in regelmäßigen Abständen seinen Prozess und seine Arbeit revidieren und entsprechende Anpassungen vornehmen muss. Durch die regelmäßige Inspektion und durch den Feedback des Kunden auf die zyklischen generierten Sprintergebnisse erfolgt eine **Risikominderung**. Da mangelhafte Ergebnisse rasch erkannt werden und stets nur kleine Fragmente generiert werden, sind die Kosten für die Fehlerbeseitigung relativ gering. Durch die frühzeitigen Auslieferungen hat der Kunde überdies eine Chance, rechtzeitig seine "wahren" Anforderungen zu erkennen und ggf. seine Forderungen abzuändern.

Die folgenden **Nachteile** werden gesehen:

- **Nicht funktionale Aspekte werden gerne vernachlässigt**

  Wenn man nicht aufpasst, fokussiert das Team sich auf die funktionalen Anforderungen und vergisst leicht "zentrale" Aspekte wie die Architektur[107] oder die rechtzeitige Erstellung von Prototypen für die Performance.

- **Mangelnde Visualisierung**

  Die Inhalte des Product Backlog und des Sprint Backlog werden oft unzureichend visualisiert.

4.12 Scrum bei Festpreisangeboten

Hier gilt oft:

"Money for nothing, changes for free"

"Money for nothing" bedeutet, dass der Kunde nach jedem Sprint die Entwicklung gegen die Bezahlung einer Stornogebühr abbrechen kann. "Changes for free" bedeutet, dass der Kunde von Sprint zu Sprint Änderungen einreichen kann, ohne Kosten zu verursachen. Dies gilt aber nur dann, wenn eine Änderung keinen höheren geschätzten Aufwand zur Folge hat.

---

[107] Die Architektur wird überdies nicht nur ein einziges Mal erstellt, sondern muss iterativ auf den Prüfstand.

4.13 Psychologische Effekte bei Scrum

Positive Effekte von Scrum sind:

- **Geteilte Verantwortung durch Separation of Concerns für Rollen**

  Die Verantwortung ist geteilt. Verschiedene Rollen haben verschiedene Verantwortung. Der Product Owner muss das Gesamtsystem (Aufgabenstellung und Abnahme) im Fokus haben. Das entlastet das Entwicklungsteam, das die Entwicklung des Produkts in den einzelnen Sprints verantwortet.

- **Sicherheit im Entwicklungsteam**

  Einzelpersonen sind nicht "schuld", da das Entwicklungsteam als Gesamtheit die Verantwortung für die Sprints hat. Das Team gibt die Sicherheit, dass ein Teammitglied nicht alleine steht.

- **Selbstbestimmung der Belastbarkeit für das Entwicklungsteam**

  Das Team bestimmt den Umfang eines Sprints und lernt zusehends, Aufgaben besser einzuschätzen. Das Team muss bei seiner Kapazitätsplanung berücksichtigen, dass Platz für Querschnittsaufgaben wie beispielsweise für ein kontinuierliches Refactoring bleibt. Da man regelmäßig ausliefert, bekommt man ein sehr gutes "Bauchgefühl", was man schaffen kann.

- **Motivation durch Machbarkeit gemäß divide et impera**

  Nur Systemkomponenten realisieren zu müssen, verringert den Leistungsdruck ("small is beautiful").

- **Melden macht frei – offene Kultur für Probleme**

  Ansprechen von Problemen beim Daily Scrum[108] ist Teil der offenen Kultur von Scrum. Damit werden Probleme in einen größeren Kreis getragen, was auf den zunächst Betroffenen entlastend wirkt, da er nicht mehr der Alleinverantwortliche ist. Es kommt nicht gleich weitere Kritik von den anderen. Ein Überbringer einer schlechten Nachricht wird nicht sogleich "bestraft", auch wenn Projekttermine gefährdet werden, sondern das Team kümmert sich um ihn. Manager dürfen nur als Zuhörer beim Daily Scrum teilnehmen und dürfen sich nicht einmischen. Das Daily Scrum wird vom Scrum Master geleitet. Das Ziel des Daily Scrum ist, ggf. eine lösungsorientierte Neuausrichtung eines Sprints zu finden.

- **Kein gegenseitiges Information Hiding von wichtigen Informationen**

  Durch den Daily Scrum erfährt jeder alles und fühlt sich eingebunden. Das Erschleichen von Machtpositionen durch die Nichtweitergabe von Wissen kommt nicht vor, wenn das Team aufpasst. Dadurch wird die Zufriedenheit der einzelnen Personen erhöht.

---

[108] Das Ziel des Daily Scrum ist, ggf. eine lösungsorientierte Neuausrichtung eines Sprints zu finden.

- **Hilfe wird provoziert**

  Werden Probleme beim Daily Stand-up geschildert, so bieten andere Mitarbeiter ihre Hilfe an, ohne dass sie explizit um Hilfe angegangen werden müssen. Explizites Bitten um Hilfe könnte Gesichtsverlust bedeuten. Der Scrum Master hilft, persönliche Blockaden zu beseitigen.

- **Emergenz der Problemstellung und der technischen Lösung**

  Scrum agiert nach der Devise "Ich weiß, dass ich nichts weiß" und analysiert messerscharf. Probleme und Lösungen werden als emergent angesehen. Dies vermindert den Leistungsdruck und das Risiko, mit großem Aufwand das Falsche zu entwickeln.

- **Keine Statusabfrage**

  Durch die Frage "Was hast Du seit dem letzten Daily Scrum gemacht"[109] wird nicht der Status abgefragt. Das 90%-Syndrom von Boehm für den Fertigstellungsgrad von Software entfällt.

- **Feste Zyklen für Sprints**

  Regelmäßigkeit entlastet das Gehirn. Daher ist anderweitig der "Jour fixe" so beliebt. Eine regelmäßige Auslieferung ist wie das Spielen eines Instruments durch regelmäßiges Handeln zu erlernen. Wenn man beispielsweise regelmäßig alle 2 Wochen ausliefert, verursacht dies keinen "Schmerz" mehr.

- **Jeder wird beachtet**

  Beim Daily Scrum sollte jedes Teammitglied vom Scrum Master eine Zeitscheibe erhalten, introvertierte Personen genauso wie extrovertierte Personen.

- **Selbstlernende Projektorganisation**

  Man geht davon aus, dass zunächst die Schätzungen danebengehen, setzt aber auf "inspect & adapt". Das nimmt Druck von den einzelnen Personen.

Negative Effekte von Scrum sind:

- **Fehlender Weitblick und Unterschätzung von Querschnittsaufgaben**

  Die Fokussierung auf Sprints verführt zu kurzfristigem Denken und damit zum Aufschieben wichtiger Systementscheidungen. Dies betrifft beispielsweise den optimalen Nutzen des Systems, die Product Vision, Architektur, Continous Integration, Security oder Systemtest.

- **Zu langes Verschieben von Entscheidungen**

  Wird das agile Konzept des letzten vernünftigen Moments (Last Responsible Moments – LRM) von Poppendieck aus dem Lean-Umfeld angewandt [Pop03], so werden Entscheidungen möglichst spät getroffen. Allgemein liegen zu einem späten Zeitpunkt bessere Informationen vor als zu einem frühen Zeitpunkt. Die

---

[109] Die 3 Fragen des Daily Scrums sollen dazu anregen, zu reflektieren.

Strategie ist es, Entscheidungen nicht zu früh zu machen, sondern zu verschieben und offen zu halten, bis die Kosten, nicht zu entscheiden, teurer werden als die Entscheidung. Wird dieser Moment verpasst, so werden negative Effekte wirksam, die den Nutzen des Lernens überkompensieren.

4.14 Hybride Verwendung von Scrum

Die Einführung von Scrum in einem Unternehmen kann durchaus nicht unproblematisch sein, wenn die Organisation des Unternehmens nicht mitzieht. Oftmals wird versucht, Scrum mit einem Wasserfallmodell zu kombinieren, wie beispielsweise bei der Verwendung von:

- Scrummerfall,
- Waterscrum oder
- Water-Scrum-Fall.

Diese Varianten werden in Kapitel 4.14.1 bis 4.14.3 betrachtet. Diese Varianten sind allesamt als Fehlentwicklungen zu betrachten.

4.14.1   Scrummerfall

Dieser negative Begriff wurde von Brad Wilson [bwsfal] geprägt. Hier werden die Phasen des Wasserfallmodells mit Scrum gemischt. Dies zeigt sich oft darin, dass es feste Phasen in einem Sprint gibt wie eine Woche Design, zwei Wochen Codierung und eine Woche Test & Integration. In der Regel endet ein solchermaßen geführtes Projekt nach wenigen Sprints im Chaos.

4.14.2   WaterScrum

Der Begriff WaterScrum wurde von Kevin Neher [lewisw] geprägt. Hier sieht es schon ein wenig positiver aus. Dieser Begriff bezieht sich auf den Einsatz von Scrum in einer Organisation, die phasenbezogene Checkpoints nach dem Wasserfall-Modell hat, um das Risiko zu managen. Die betreffende Organisation arbeitet weiterhin in festen Phasen, während die Entwicklung agil vorgeht. Im Anschluss an einen Wasserfallprozess folgt Scrum. Probleme entstehen, wenn die Organisation beispielsweise feste Anforderungen oder gar das Design vorgibt.

4.14.3   Water-Scrum-Fall

Der Begriff Water-Scrum-Fall setzt sich aus den drei Begriffen Water, Scrum und Fall zusammen. Diese Begriffe sollen im Folgenden kurz erläutert werden:

- Water

  Water beschreibt den Projekt-Planungsprozess. Man spricht von einer Upfront-Planung. Diese Planung kann bei bestimmten Organisationen zwischen der IT-Abteilung und dem Geschäftspartner erfolgen.

- Scrum

  Eine iterative und adaptive Vorgehensweise, inkrementell zu entwickeln. Im Rahmen von Water-Scrum-Fall wird mit Scrum aufgrund der Ergebnisse der Water-Phase entwickelt.

- Fall

  Meist ein nicht allzu oft stattfindender Produktions-Release-Zyklus, der sich nach den Einschränkungen der Geschäftspolitik und der Infrastruktur richtet. Hier wird Scrum komplett in den Wasserfallprozess eingebettet.

Das frühe Feedback auf erste lauffähige Produktinkremente wird durch das Erstellen von Spezifikationen für das Gesamtsystem verschenkt. Der Kunde kann das System nicht schon zu Beginn wachsen sehen. Zu Beginn des Produktionsprozesses ist das System in Teilen bereits veraltet.

Das Produkt des agilen Entwicklungsprozesses wird wieder an eine Phase des Wasserfallmodells übergeben. Dies kann beispielsweise eine verzögerte Auslieferungsphase an den Kunden sein. Ein Feedback des Kunden wird verzögert, ein frühes Feedback wird erneut verschenkt.

Das folgende Bild zeigt die Einbettung von Scrum in einen Wasserfallprozess :

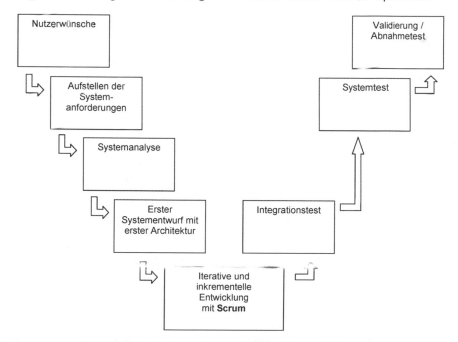

Bild 4-3 Einbettung von Scrum in einen Wasserfallprozess

Es muss aber komplett klar sein, dass das kein Scrum mehr ist. Scrum basiert ganz wesentlich auf der Idee "inspect & adapt", d. h. auf einer hohen Anpassungsfähigkeit an die sich wandelnden Kundenwünsche. Wenn ein Scrum Team mit komplett starren Anforderungen, der Systemanalyse und dem Systementwurf versorgt wird, ist alles bereits festgeschrieben. Der Kunde hat keine Möglichkeit mehr, seine Anforderungen im Laufe des Projekts zu ändern, da ansonsten die Anforderungen, Systemanalyse und der Systementwurf verloren sind. Es macht dann generell keinen Sinn mehr, dass der Kunde an der Entwicklung mitwirkt. Er wird nicht das erhalten, was ihm einen großen Nutzen bringt.

4.15 Unterschiede zwischen Scrum und Extreme Programming

Scrum und Extreme Programming sind beides agile Verfahren. Sie sind beide auf den **Kunden** ausgerichtet. Beide Methoden rechnen mit **Änderungen durch den Kunden** und sind in der Lage, auf geänderte Anforderungen zu reagieren. Jedes Teammitglied sollte das **System als Ganzes** verstehen. Bei beiden Verfahren gibt es eine **hohe Eigenverantwortung** der Entwickler, was gut für die intrinsische Motivation ist. Agile Ansätze haben einen hohen **Anspruch an die Qualität**, die durch **Tests** nachgewiesen werden muss. Der hohe Anspruch an die Qualität fördert wiederum die intrinsische Motivation.

Scrum und Extreme Programming unterscheiden sich in folgenden Punkten:

- **Zielrichtung und Vorgaben bei der Entwicklung**

  Scrum ist nur ein **organisatorisches Regelwerk**. Es kümmert sich nicht darum. wie ein Produkt technisch erstellt wird. Das Regelwerk Scrum ist unabhängig von der Produktion eines Produktes "Software". **XP** hingegen legt spezielle agile Methoden für die **technische Durchführung** von Programmierprojekten fest wie beispielsweise Pair Programming, Tests First, Test Driven Development, Continous Integration mit automatischen Tests oder Refactoring.

- **Wissenstransfer**

  Während Scrum durch die gemeinschaftliche Verantwortung des Entwicklungs-teams und den Daily Scrum einen Wissenstransfer auf hoher Ebene zum Ziele hat, kann man den Wissenstranfer durch Pair Programming als Transfer auf der Programmierebene, einer tieferen Ebene, ansehen.

- **Länge des Iterationszyklus**

  Scrum-Sprints gehen üblicherweise über zwei bis vier Wochen. Bei Extreme Programming wird in Iterationen gearbeitet, die üblicherweise eine oder zwei Wochen andauern.

- **Reaktionsfähigkeit auf Änderungen**

  Scrum Teams nehmen während eines Sprints keine Änderungswünsche mehr an. Sind die Anforderungen für einen Sprint festgelegt, so sind diese fix und es können erst beim nächsten Sprint neue oder geänderte Anforderungen gestellt werden[110].

---

[110] Es sei denn, der aktuelle Sprint wird abgebrochen.

Teams bei Extreme Programming sind bereitwilliger, Änderungen während ihrer Iterationen umzusetzen als Scrum-Teams. Bei XP sind Änderungen jederzeit möglich.

- **Visualisierung**

  Die Visualisierung der Arbeiten erfolgt in Scrum mit dem Scrumboard. XP kennt keine Visualisierung.

- **Kundenpräsenz**

  Der Kunde kann bei Scrum am Ende eines Sprints eingreifen. Bei XP macht der Kunde mit, wo und wann er will.

Scrum ist weniger regelgebunden und lässt keine Änderungen während der Sprints zu. Bei Extreme Programming trifft man sich regelmäßiger mit dem Auftraggeber und kann Änderungen an nicht angefangenen Aufgaben jederzeit durchführen. Es ist auch möglich, Methoden des Extreme Programming im Rahmen von Scrum zu verwenden.

Kapitel 5

Die Change Management-Methode Kanban

Zuordnung:

B	+1 = +5%
F	3 = 25%
S	6 = 50%
U	3 = 25%

Legende:
Beschleunigt
Fester Termin
Standard
Unbestimmt

Backlog	Bereit 3	Entwicklung 6		Test 3	Bereit zur Auslieferung
		In Arbeit	Fertig		
	S	F	S	F	S
	F	U	S	U	F
	U	S	S	S	U
		B			S
					F

5 Die Change Management-Methode Kanban

> Die Kanban-Methode versucht, die Wertschöpfung entlang einer Prozesskette zu optimieren.

Bevor im Folgenden beschrieben werden kann, was Kanban ist, muss auf die Mehrdeutigkeit des Begriffs Kanban hingewiesen werden.

> Unter Kanban können die folgenden drei Dinge verstanden werden:
>
> 1. Die **Kanban-Karte,** wie sie zunächst im Lean Manufacturing und später auch in der Softwareentwicklung verwendet wird.
> 2. Das **Kanban-System**, ein Pull-System, welches aus dem Lean Manufacturing stammt und Kanban-Karten verwendet.
> 3. Die **Kanban-Methode**, ein von David Anderson definierter Ansatz für das Change-Management, welcher ein Kanban-System als Katalysator benutzt, um positive Veränderungen zu bewirken.

Zur Unterscheidung werden in diesem Kapitel die Begriffe Kanban-Karte und Kanban-System immer ausgeschrieben. Ist nur von Kanban die Rede, so ist die Kanban-Methode gemeint. Dies gilt auch für die Überschrift dieses Kapitels. Dieses Kapitel bezieht sich also auf die von David Anderson für das Change-Management definierte Methode.

Nach einem Einblick in die Historie von Kanban in Kapitel 5.1 wird die Begriffswelt von Kanban in Kapitel 5.2 vorgestellt. Kapitel 5.3 untersucht das Ziel der Reduktion von Lieferzeiten. Kapitel 5.4 untersucht die Prinzipien und Praktiken der Kanban-Methode. Kapitel 5.5 stellt geplante Erweiterungen der Kernpraktiken von Kanban vor. Kapitel 5.6 diskutiert die Praktiken zur Visualisierung bei Kanban, nämlich die Handhabung des Kanban-Boards. Kapitel 5.7 vergleicht Kanban mit Scrum.

5.1 Historie von Kanban

In diesem Kapitel wird beschrieben, wie Kanban entstanden ist. Dabei geht zunächst Kapitel 5.1.1 auf den Ursprung des Kanban-Systems im Lean Manufacturing ein. Anschließend beschreibt Kapitel 5.1.2, wie daraus die Kanban-Methode entstand.

5.1.1 Ursprung des Kanban-Systems im Lean Manufacturing

Das Kanban-System wurde in den sechziger Jahren des vorigen Jahrhunderts von Taiichi Ohno erfunden und stellte fortan einen wichtigen Bestandteil des Toyota-Produktionssystems (TPS) dar.

Das Kanban-System ermöglichte eine der beiden Säulen[111] des Toyota-Produktionssystems, nämlich die Just-In-Time[112]-Produktion [justin].

Die Idee für das Kanban-System kam Taiichi Ohno beim Studieren von amerikanischen Supermärkten. Amerikanische Supermärkte verwenden die Technik, eine kleine Menge an Produkten vorrätig zu haben und erst dann nachzubestellen, wenn diese Produkte auszugehen drohen. Diese Technik erlaubt es den Kunden, selbst zu bestimmen, was und wieviel sie wollen, und ermöglicht es den Supermärkten, diesen Bedürfnissen jederzeit zu entsprechen, ohne dabei große Mengen an Produkten auf Lager halten zu müssen. Die Verringerung der Lagerhaltung durch "deliver on demand" führt zu weniger gebundenem Kapital und stellt somit einen Wettbewerbsvorteil dar. Taiichi Ohno erkannte, dass diese Technik auch als "produce on demand" auf die Produktion angewendet werden kann.

Dies bedeutete also, dass die bis dahin übliche zentrale Prozesssteuerung abgeschafft wurde und dass stattdessen jede einzelne Station der Prozesskette selbst bestimmte, wie viele Produkte welcher Art sie benötigte.

Diese **lokale Steuerung des Flusses** wurde mithilfe von sogenannten Kanban-Karten implementiert.

Kanban-Karten dienen als Hilfsmittel, um die Anzahl an Produkten im Produktionsprozess zu begrenzen.

Benötigt eine Station ein Produkt von einer Station in der Prozesskette vor ihr, so übergibt sie dieser Station eine Kanban-Karte. Erst mit dem Erhalt dieser Kanban-Karte ist diese Station berechtigt, ein neues Produkt anzufertigen. Die Upstream-Station fertigt daraufhin das Produkt an und sendet es mit der Kanban-Karte zurück an die anfordernde Station.

Stationen sollen nur produzieren, wenn sie von einer anderen Station im sogenannten Downstream – also von einer Station, welche später in der Prozesskette gelegen ist – explizit dazu aufgefordert werden.

Es handelt sich bei einem Kanban-System also um ein sogenanntes **Pull-System**, da Produkte nur auf Anfrage gefertigt werden. Demgegenüber stehen sogenannte **Push-Systeme**, bei denen Stationen – wann immer möglich – Produkte anfertigen und an Stationen im Downstream übergeben, ohne dass überhaupt Bedarf an den Produkten besteht.

---

[111] Die zweite Säule des TPS ist Jidoka, die Fähigkeit, die Produktionslinie im Falle einer Fehlfunktion automatisch anzuhalten, um so das Weiterreichen von fehlerhaften Werkstücken zu unterbinden. [jidoka]
[112] Just-In-Time wird abgekürzt durch JIT.

5.1.2 Entstehung der Kanban-Methode

Als David Anderson 2005 den Emperor's Garden in Japan besuchte, beobachtete er das folgende Szenario:

- Beim Betreten des Gartens überreichte ein älterer Herr ihm und seinen Begleitern jeweils eine Plastikkarte.
- Als er nach einigen Stunden den Park wieder verlassen wollte, sah er am Ausgang eine Schlange von Menschen vor einem Ticket Shop anstehen. Er beobachtete, wie die Besucher dort ihre Plastikkarten zurückgaben, und tat es ihnen gleich. Dies geschah, ohne dass dabei Geld gezahlt worden wäre.

David Anderson erkannte, dass es sich, obwohl es hier nicht um Geld ging, bei den Plastikkarten sehr wohl um eine Art Währung handelte. Seine Kenntnisse des Toyota-Produktionssystems (TPS) erlaubten ihm zu schlussfolgern, dass der Emperor's Garden in Japan ein Kanban-System verwendete. Hierbei stellt der Garten selbst das System dar, wobei die zu begrenzende Ressource die Anzahl Personen im Park war. Die Plastikkarten waren also Kanban-Karten. Nur solange Kanban-Karten im Ticket Shop zur Verfügung standen, durften Besucher den Park betreten. Standen keine Kanban-Karten mehr zur Verfügung, musste darauf gewartet werden, dass durch Besucher, die den Park verließen, wieder Kanban-Karten frei wurden.

> Die Erkenntnis, dass ein Kanban-System auch außerhalb der Produktion verwendet werden kann, brachte David Anderson dazu, zu untersuchen, inwiefern sich ein Kanban-System auf die Softwareentwicklung – oder allgemeiner sogar auf jede Form von Wissensarbeit – anwenden lassen kann. Dies führte zu der Definition der **Kanban-Methode**.

5.2 Begriffswelt der Kanban-Methode

Bevor im Folgenden betrachtet werden kann, was mit der Kanban-Methode bezweckt werden soll und wieso das Verwenden eines Kanban-Systems in der Wissensarbeit Vorteile bringt, müssen zunächst einige der wichtigsten Begriffe (siehe Kapitel 5.2.1) und Metriken (siehe Kapitel 5.2.2) erläutert werden. Außerdem wird in Kapitel 5.2.3 auf Little's Law eingegangen, das einen der wichtigsten Zusammenhänge bei der Kanban-Methode darstellt und der Grund dafür ist, warum die Kanban-Methode funktioniert.

5.2.1 Kanban-spezifische Begriffe

Im Folgenden werden einige Begriffe vorgestellt, die im Kontext der Kanban-Methode von großer Wichtigkeit sind:

- **Arbeitspaket**

> Der Begriff Arbeitspaket beschreibt Feature-Anforderungen (engl. Feature-Requests), Bug-Fixes oder Ähnliches für ein System.

Diese Arbeitspakete können in beliebiger Form vorliegen (z. B. in Form von User-Stories).

- **Inventar**

Der Begriff Inventar kommt aus der Produktion und beschreibt die **Menge aller angefangenen Arbeitspakete**, die sich noch **in der Herstellung** befinden. In der Produktion ist es enorm wichtig, das Inventar möglichst gering zu halten, da es sich dabei um gebundenes Kapital handelt. In der Softwareentwicklung kann dieser Begriff äquivalent verwendet werden.

5.2.2 Metriken bei Kanban

Die folgende Liste stellt lediglich eine Übersicht über die wichtigsten Metriken dar, erhebt aber keinen Anspruch auf Vollständigkeit. Die wichtigsten Metriken sind:

- **Bearbeitungsdauer** (engl. **Cycle Time**)

> Die Bearbeitungsdauer beschreibt die Zeit, die sich ein Arbeitspaket in dem Abschnitt eines Prozesses befindet, welcher in der **"Span of Control"**[113] einer zu betrachtenden Person oder Personengruppe liegt.

- **Lieferzeit** (engl. **Lead Time**)

> Die Lieferzeit ist die Zeit, die zwischen der Aufnahme eines Arbeitspaketes in das System bis zu der Auslieferung dessen Ergebnisses an den Kunden vergeht.

Die Lieferzeit enthält also die Bearbeitungsdauer, sowie alle Abschnitte, die außerhalb der Span of Control einer zu betrachtenden Person oder Personengruppe liegen.

- **Durchflusszeit** (engl. **Flow Time**)

> Die Bearbeitungsdauer und die Lieferzeit sind keine globalen Metriken des Systems. Sie variieren abhängig vom betrachteten Prozessabschnitt.

---

[113] Der Begriff "Span of Control" kommt aus der Theory of Constraints (TOC). Alle Abschnitte eines Prozesses, die innerhalb der "Span of Control" liegen, können direkt beeinflusst werden, Abschnitte, die außerhalb liegen, aber noch innerhalb der sogenannten "Sphere of Influence", können indirekt über andere Personen beeinflusst werden.

Da es durchaus möglich ist, mehrere Abschnitte eines Prozesses zugleich mittels eines Kanban-Systems zu steuern, können die Begriffe der Bearbeitungsdauer und der Lieferzeit eines Systems daher zu Missverständnissen führen. Dem ist so, da dann die Bearbeitungsdauer eines mittels eines Kanban-Systems gesteuerten Prozessabschnitts zur Lieferzeit eines anderen mittels eines Kanban-Systems gesteuerten Prozessabschnitts gehört.

Die Durchflusszeit eines Systems beschreibt den Durchsatz eines Systems.

- **Anzahl der parallel bearbeiteten Arbeitspakete** (engl. **Work in Progress**[114])

Die Anzahl der parallel bearbeiteten Arbeitspakete beschreibt, wie viele Arbeitspakete sich in dem betrachteten Abschnitt eines Entwicklungsprozesses befinden.

Diese Metrik ist eine der wichtigsten der Kanban-Methode, da sie aufzeigen kann, ob ein Kanban-System funktioniert oder nicht. Zur Darstellung der Anzahl parallel bearbeiteter Arbeitspakete eignen sich besonders kumulative Flow-Diagramme (engl. cumulative flow diagram – CFD), welche in Kapitel 5.6 vorgestellt werden.

- **Prozentuale Einhaltung des Fälligkeitsdatums** (engl. **Due Date Performance**)

Die prozentuale Einhaltung des Fälligkeitsdatums beschreibt, in wie viel Prozent der Fälle ein Arbeitspaket rechtzeitig ausgeliefert wurde.

Die prozentuale Einhaltung des Fälligkeitsdatums und die Lieferzeit zeigen auf, wie gut die vereinbarten Service-Level Agreements (siehe Kapitel 5.4.3.1) eingehalten werden.

- **Durchfluss-Effizienz** (engl. **Flow Efficiency**)

Die Durchfluss-Effizienz stellt den Quotienten aus Arbeitszeit und Bearbeitungsdauer dar.

Die **Arbeitszeit** beschreibt hierbei die Zeit, die tatsächlich an einem Arbeitspaket gearbeitet wurde. Die **Bearbeitungsdauer** ist die Zeit, die zwischen der Aufnahme der Arbeit am Arbeitspaket und dem Abschluss der Arbeit – einschließlich der Zeiten, in denen nicht am Arbeitspaket gearbeitet wurde – vergangen ist.

Der Zusammenhang zwischen der Bearbeitungsdauer und der Arbeitszeit ist in der folgenden Abbildung dargestellt:

---

[114] Work in Process wird abgekürzt durch WIP.

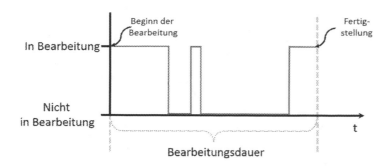

Bild 5-1 Definition der Durchfluss-Effizienz

5.2.3 Little's Law

Little's Law kommt aus der Warteschlangentheorie und besagt, dass die durchschnittliche Länge einer Warteschlange L gleich dem Produkt der Ankunftsrate λ der Arbeitspakete und der durchschnittlichen Wartezeit W ist.

Dies lässt sich durch die folgende Formel ausdrücken:

$$L = \lambda * W$$

Little's Law lässt sich auf die Softwareentwicklung anwenden, indem die in einem Abschnitt des Entwicklungsprozesses verweilenden Arbeitspakete als Warteschlange betrachtet werden. Im Sinne der Kanban-Methode stellt dann die **Länge der Warteschlange** die **Anzahl an Arbeitspaketen in dem betreffenden Abschnitt des Entwicklungsprozesses** dar und die Wartezeit stellt die Lieferzeit dar. Die Ankunftsrate entspricht im eingeschwungenen Zustand dem Durchsatz. Daher stellt Little's Law also den Bezug zwischen der **Durchflusszeit** und **der Anzahl an Arbeitspaketen** dar[115].

5.3 Das Ziel der Reduktion von Lieferzeiten

Hauptziel von Kanban ist, die Wertschöpfung entlang einer Prozesskette zu optimieren. Die Wertschöpfung wird größer, wenn die Lieferzeiten verringert werden.

Die Kanban-Methode strebt an, einen sogenannten **One-Piece-Flow** zu erreichen, bei dem Arbeitspakete sequenziell, eines nach dem anderen, durch die einzelnen Entwicklungsschritte "fließen".

---

[115] Little's Law gilt allerdings nur unter der Annahme, dass das System stabil ist. Das bedeutet, dass das durchschnittliche Alter der Arbeitspakete gleich bleibt und dass die Menge an Arbeitspaketen im System am Ende des betrachteten Zeitraums ungefähr der Menge zu Beginn des betrachteten Zeitraums entspricht.

Dies hat zur Folge, dass Inventar vermieden wird und dass die Lieferzeit stark reduziert wird, was ein schnelles Reagieren auf externe Einflüsse ermöglicht. Dies stellt einen großen Wettbewerbsvorteil dar. In Kapitel 5.2 wurden zwei Möglichkeiten zur **Reduktion der Lieferzeit** aufgezeigt:

1. Die Lieferzeit kann reduziert werden, indem die **Durchfluss-Effizienz** erhöht wird.
2. Da Little's Law einen proportionalen Zusammenhang zwischen der Lieferzeit und der Anzahl an Arbeitspaketen aufzeigt, ist es also auch möglich, die Lieferzeit durch eine **Begrenzung der Anzahl an Arbeitspaketen** zu reduzieren.

5.4 Prinzipien und Praktiken der Kanban-Methode

David Anderson beschreibt in seinem im Jahre 2005 veröffentlichten Buch "Kanban – Successful Evolutionary Change for your Technology Business" drei Prinzipien und fünf Kern-Praktiken, die jede erfolgreiche Implementierung eines Kanban-Systems so oder in ähnlicher Form umsetzt. Kanban wird verwendet, indem man die hier beschriebenen drei Prinzipien und fünf Kern-Praktiken auf den eigenen Prozess anwendet.

5.4.1 Prinzipien der Kanban-Methode

Zunächst die **drei Prinzipien**:

1. Beginne mit deinem Prozess, wie er jetzt ist

Kanban ist kein Vorgehensmodell und auch kein Framework für Vorgehensmodelle, sondern eine **Change Management-Methode**.

Lediglich die Prinzipien und Kern-Praktiken von Kanban umzusetzen, reicht nicht aus, um Software zu entwickeln.

Kanban schreibt nicht vor, wann, wie viele oder welche Artefakte zu erstellen sind. Methoden des Change Management beschreiben nicht, wie ein optimaler Prozess aussieht, sondern lediglich, mit welchen Maßnahmen ein **existierender Prozess verbessert** werden kann.

Daher werden beim Einführen von Kanban nicht – wie beispielsweise bei Scrum – von Beginn an große Änderungen verlangt, stattdessen soll der vorhandene Prozess mit kleinen Veränderungen inkrementell modifiziert werden.

2. Einigt euch, inkrementell und evolutionär Veränderungen zu bewirken

Kanban baut darauf, **Probleme sichtbar** zu **machen** und Wissens-Arbeiter zu befähigen, diese **selber** zu **lösen**. Dies ist so, weil jeder sieht, welche Auswirkungen seine Tätigkeiten und Unterlassungen auf den "Flow" haben.

Es ist notwendig, dass alle an der Wertschöpfung Beteiligten bereit sind, Änderungen zu akzeptieren. Das schließt selbstverständlich auch das Management mit ein. Der **Idealzustand**, der erreicht werden soll, wird im Japanischen "**Kaizen**" genannt. Kaizen ist eine Arbeitsphilosophie, deren Ziel eine **ständige Verbesserung** (engl. continuous improvement) ist.

3. Behalte zu Beginn alle Rollen, Verantwortungen & Jobtitel bei

Kanban versucht, Änderungen mit einer möglichst **geringen Hemmschwelle** in der vorhandenen Hierarchie umzusetzen. Es können bereits große **Verbesserungen durch das Sichtbarmachen von Problemen** erreicht werden.

Dadurch erfährt man auch eine höhere Akzeptanz von Seiten des Managements, die einem insbesondere dann nicht unbedingt sicher ist, wenn Mitglieder des Managements befürchten müssen, dass Veränderungen zu einem Kontrollverlust ihrer Person führen.

5.4.2 Kernpraktiken der Kanban-Methode

Im Folgenden werden die **fünf Kernpraktiken** von Kanban vorgestellt:

1. Visualisiere den Fluss der Arbeit

Da bei Wissensarbeit – im Gegensatz zur Produktion – Arbeitspakete zumeist in virtueller Form vorliegen, fällt es nicht auf, wenn sich diese Arbeitspakete anstauen. Bei der Produktion füllen angestaute Arbeitspakete schnell eine Lagerhalle, in der Wissensarbeit lediglich die Festplatte(n). Dadurch ist die Sichtbarkeit für Außenstehende – wie beispielsweise dem Management – nicht gegeben.[116] Durch die Abbildung aller Entwicklungsschritte des gesamten Entwicklungsprozesses wie zum Beispiel "Aufstellen der Anforderungen", Design, Programmierung usw. wird die Menge an angestauten Arbeitspaketen im Entwicklungsprozess sichtbar. Es soll deutlich gemacht werden, in welchem Prozessschritt sich alle momentan in Bearbeitung befindlichen Arbeitspakete befinden.

Die **Visualisierung des Flusses der Arbeitspakete** durch die unterschiedlichen Entwicklungsschritte geschieht üblicherweise mit einem **Kanban-Board**. Dieses ist in Spalten eingeteilt – für jeden Prozessschritt eine Spalte. Es werden dann Karten angebracht, welche die Arbeitspakete in den einzelnen Arbeitsschritten symbolisieren.

Diese Karten stellen **virtuelle Kanban-Karten** dar. Virtuell deswegen, da diese Karten nicht direkt an die Arbeitspakete angebracht werden können, da wie bereits erwähnt, Arbeitspakete in der Wissensarbeit üblicherweise keine physischen Objekte darstellen.

---

[116] Kanban visualisiert dabei häufig nicht nur digitale Daten, sondern vorwiegend liegengebliebene Arbeitspakete und somit den sinnvollen Einsatz der menschlichen Arbeitskraft.

2. Begrenze die Anzahl angefangener Arbeitspakete (WIP)

Die Menge an gleichzeitig offenen Arbeitspaketen an einer Station wird begrenzt. Eine Station kann daher nur neue Arbeitspakete aufnehmen, wenn sie weniger als die festgelegte **Maximalanzahl an offenen Arbeitspaketen** tatsächlich offen hat.

Arbeitet eine Station nun unerwartet langsam und verursacht dadurch einen "Stau", so wirkt sich dieser auf den kompletten Fluss aus. Dies ist gewünscht, da somit Stationen im Upstream – statt die überlastete Station mit weiteren Arbeitspaketen zu überfluten – bei einem Pull-System selber blockiert werden und somit ihre Hilfe anbieten können.

3. Miss und steuere den Fluss

Verbesserungen bei Kanban erfolgen inkrementell und evolutionär, indem der Fluss durch die einzelnen Stationen gemessen und dann vom Team entsprechend gesteuert wird.

Typische Größen, die gemessen werden, sind die Länge von Warteschlangen, Bearbeitungsdauern oder der Durchsatz.

4. Mache die Prozessregeln explizit

Alle an einem Prozess Beteiligten müssen verstehen, wie dieser Prozess funktioniert und welchen Regeln er folgt.

Nur dann ist es möglich, dass alle verstehen, welche Auswirkungen sie auf das Resultat des Prozesses haben und wie sie zur Verbesserung beitragen können.

5. Bewirke gemeinsam und evolutionär Verbesserungen des Prozesses unter Verwendung von Modellen und gehe dabei wissenschaftlich vor

Kanban ist eine empirische Methode, bei der kleine, inkrementelle Änderungen in den Prozessen vorgenommen werden sollen. Dazu sollen wissenschaftliche Erkenntnisse und Theorien verwendet werden.

5.4.3 Weitere Praktiken

Neben den Kern-Praktiken gibt es noch weitere Praktiken, die bei erfolgreichen Kanban-Implementierungen häufig zu sehen sind. Diese sind zwar sehr wertvoll, aber nicht unbedingt notwendig. Die Praktik, Service Level Agreements festzulegen, wird im nun folgenden Kapitel 5.4.3.1 vorgestellt. Anschließend wird die Meeting-Struktur von Kanban vorgestellt. Dazu erläutert Kapitel 5.4.3.2 das Daily Standup und Kapitel 5.4.3.3 das Operation Review.

5.4.3.1 Service Level Agreement

David Anderson stellt fest, dass es unterschiedliche Arten von Arbeitspaketen gibt, welche jeweils andere **Verzögerungskostenfunktionen** (engl. **Cost-Of-Delay**) und Prioritäten haben. Um diese Arbeitspakete entsprechend ihren unterschiedlichen Anforderungen und Eigenschaften optimal bearbeiten zu können, schlägt David Anderson vor, unterschiedliche Service-Arten einzuführen.

> Die **Service-Arten** legen für einen bestimmten Typ eines Arbeitspakets fest, welche Kriterien ein Arbeitspaket erfüllen muss, um zu einem entsprechenden Typ zu gehören, und wie Pakete dieser Service-Art zu behandeln sind.

Die Summe der Definitionen dieser Service-Arten wird als **Service-Level Agreements** bezeichnet. Anderson schlägt dabei beispielhaft vier Service-Arten vor. Natürlich müssen diese in der Praxis an die jeweiligen Umstände angepasst werden.

Die von David Anderson vorgeschlagenen vier Service-Arten sind:

1. Beschleunigt (Expedite oder "silver bullet")

Beschleunigte Arbeitspakete haben eine stark erhöhte Priorität wie z. B. ein sicherheitskritischer Bug-Fix. Von diesen Arbeitspaketen darf sich zu jedem Zeitpunkt **nur ein einziges im System** befinden. Um diese beschleunigten Arbeitspakete schnellstmöglich zu bearbeiten, müssen Stationen diese Pakete **sofort bearbeiten**, sobald diese zur Bearbeitung eintreffen. Stationen dürfen dazu sogar die **festgelegten Limits** bezüglich der parallel bearbeiteten Anzahl von Arbeitspaketen **überschreiten**. Die Verarbeitung dieser Pakete ist allerdings mit gewissen Kosten verbunden, da durch das Überschreiten des festgelegten Limits die Flusszeit steigt. Außerdem wird durch die Unregelmäßigkeit, mit der diese Arbeitspakete auftreten, die Varianz der Flusszeit erhöht.

2. Fester Termin (Fixed Date)

Diese Arbeitspakete müssen zu einem bestimmten Datum fertig sein. Dabei gibt es zwei unterschiedliche Verzögerungskostenfunktionen, die auftreten können:

- Entweder entsteht beim **Nichteinhalten des Lieferdatums** sofort ein **bestimmter Betrag** an Kosten wie z. B. beim Nichteinhalten einer behördlichen Vorgabe, welche eine Geldstrafe nach sich zieht, oder
- von dem Zeitpunkt der Nichteinhaltung an entstehen **kontinuierliche Kosten**.

Da es keinen Wert bringt, solche Pakete vor dem festgelegten Termin fertigzustellen, werden sie geschätzt und dann unter Berücksichtigung der Flusszeit so begonnen, dass sie möglichst kurzzeitig vor Ablauf der Frist fertiggestellt werden.

3. Unbestimmt (Intangible)

Werden Arbeitspakete der Service-Art "Unbestimmt" nicht umgesetzt, entstehen unmittelbar keine Kosten. Es ist allerdings absehbar, dass sich dies in der Zukunft ändern wird. Daher werden diese Arbeitspakete, welche die **niedrigste Priorität** haben, nur dann bearbeitet, wenn keine Arbeitspakete mit höherer Priorität gerade anstehen.

4. Standard

Alle anderen Arbeitspakete fallen in die Serviceklasse "Standard". Dies sind Arbeitspakete, welche eine **monoton steigende Verzögerungskostenfunktion** haben. Sprich, würden sie sofort umgesetzt, würde es sofort Vorteile in Form von monetären Vorteilen oder neuen Erkenntnissen bringen. Diese Arbeitspakete werden nach dem FIFO-Schema bearbeitet.

Die genannten Service Level Agreements dienen auch dazu, um anhand von empirisch ermittelten Daten gewisse **Versprechungen bezüglich der Flusszeit** einzelner Tickets machen zu können. Diese werden üblicherweise in der folgenden Form formuliert: "Tickets werden in m% der Fälle in n Tagen fertiggestellt."

5.4.3.2 Daily Standup

Das Daily Standup bei Kanban dient einem etwas anderen Zweck als das aus Scrum bekannte Daily Scrum. Da bei Kanban die Visualisierung eines der Kern-Prinzipien ist, ist das **Team immer über den Zustand aller Arbeitspakete informiert**. Es besteht also keine Notwendigkeit, die Frage zu beantworten, wer woran arbeitet, sondern man kann sich voll auf diejenigen Arbeitspakete konzentrieren, bei denen **Probleme** vorliegen. Auch hierbei hilft die Visualisierung, da z. B. mittels eines Kanban-Boards leicht zu erkennen ist, welche Arbeitspakete stagnieren. Durch diesen Fokus auf blockierte Arbeitspakete skalieren diese Meetings sehr gut und lassen sich auch bei mehr als 50 Teilnehmern noch in 10 Minuten durchführen.

5.4.3.3 Operations Review

Das Operations Review ist ein Meeting, welches dazu dient, Informationen über einzelne Teams hinaus auszutauschen. Es stellt somit eine **Feedbackschleife zwischen** dem **Management und** den einzelnen **Teams** dar. Das Management stellt dabei vor, wie sich die Finanzen seit dem letzten Meeting verändert haben. Die Finanzlage kann dann gemeinsam diskutiert werden. Das Meeting hat außerdem den Effekt, dass jedem am Entwicklungsprozess Beteiligten vor Augen geführt wird, dass er Teil eines Unternehmens ist und für dessen Erfolg mitverantwortlich ist. Außerdem kann das Unternehmen zeigen, dass es eine kontinuierliche Verbesserung ernst nimmt, und Fortschritte präsentieren.

5.5 Geplante Erweiterungen der Kernpraktiken

2012 veröffentlichte David Anderson einen Blogeintrag, in welchem er die folgenden zwei weiteren Punkte diskutierte, die er ggf. in einer zweiten Version seines Buches mit aufnehmen möchte [extend]:

• **Führe Feedbackschleifen ein**

> Um eine positive Veränderung zu bewirken, ist es notwendig, die
> gewonnenen Informationen auch zu verbreiten und zu diskutieren.
> David Anderson benennt dabei in seinem Buch zwei Arten von
> Treffen, die dazu beitragen:
>
> – das Daily Standup und
> – das Operation Review.

Diese beiden Treffen wurden bereits vorgestellt. David Anderson stellt außerdem
fest, dass Unternehmen, die darauf verzichten, unternehmensweite Feedbackschleifen zu implementieren, üblicherweise lediglich Erfolge für einzelne Teams zu
verzeichnen haben.

• **Fördere Führungsverhalten auf allen Ebenen**

> Verbesserung kann nur funktionieren, wenn auch diejenigen, die
> selber die Arbeit verrichten, sich aktiv an der Verbesserung des
> Prozesses beteiligen.

Dazu ist es notwendig, dass die Teammitglieder dazu befähigt werden, **eigenständig Entscheidungen** zu treffen[117], und dass dieses Verhalten vom
Management nicht nur geduldet, sondern auch befürwortet wird.

5.6 Praktiken zur Visualisierung bei Kanban

Visualisierung ist eine der Kern-Praktiken der Kanban-Methode. Zwei Werkzeuge,
mit denen die Visualisierung umgesetzt werden kann, sind das **Kanban-Board** und
das **kumulative Flussdiagramm**. Diese werden in den Kapiteln 5.6.1 und 5.6.2 vorgestellt.

Ein Kanban Board dient – ähnlich wie das Taskboard in Scrum – zur Visualisierung
der Anzahl der Arbeitspakete in den unterschiedlichen Arbeitsschritten. Üblicherweise werden dazu **bei Scrum** jedoch nur die folgenden drei Arbeitsschritte unterschieden [taskbo]

• **To Do**,
• **In Progress** und
• **Done**.

Bei einem **Kanban-Board** versucht man, den bearbeiteten Prozess genauer als bei
Scrum abzubilden. Daher wird **jeder tatsächliche Arbeitsschritt** abgebildet.

---

[117] In seinem Buch bezeichnet David Anderson diese Entscheidungen als "Acts of leadership". Es
geht hier also nicht nur um triviale Entscheidungen, sondern auch um solche, die üblicherweise
von Personen im Management getroffen werden.

Bei den Ansätzen von Kanban und Scrum spielt die Visualisierung eine wichtige Rolle. Während ein Kanban-Board kontinuierlich gepflegt wird, wird ein Scrum-Board für jeden Sprint neu initialisiert.

5.6.1 Das Kanban-Board

Das folgende Kanban-Board spiegelt einen Ablauf wider, welcher aus den zwei Entwicklungsschritten **Entwicklung** und **Test** besteht:

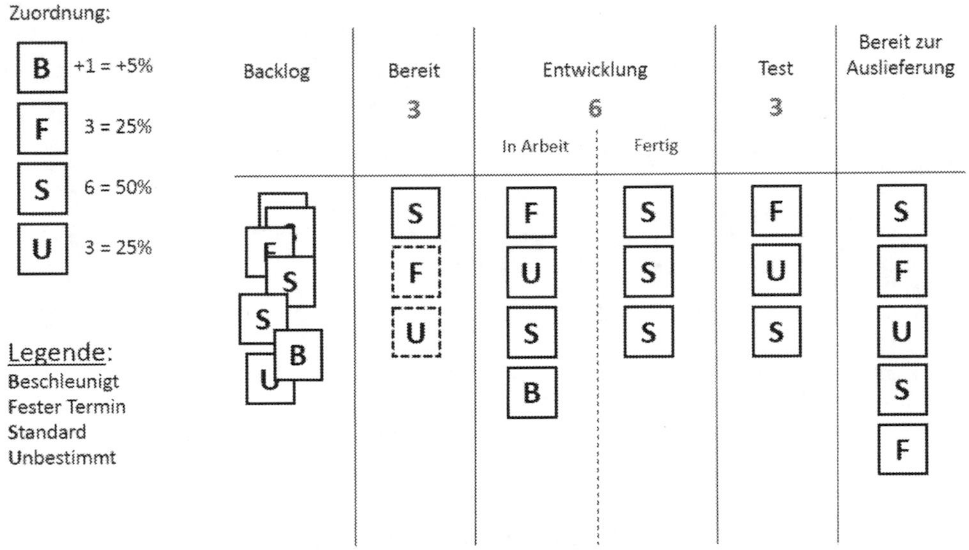

Bild 5-2 Beispiel für ein Kanban-Board

Die Spalten des Kanban-Boards haben folgende Bedeutung:

- Die Spalte "**Backlog**"[118] enthält alle Arbeitspakete, die umgesetzt werden sollen, an denen aber **nicht aktiv gearbeitet** wird.
- Die Spalte "**Bereit**"[119] ist eine Warteschlange vor dem Pull-System, die dazu dient, dass das Pull-System nicht laufend "ziehen" muss, sondern damit das Pull-System kontinuierlich mit Arbeitspaketen versorgt werden kann, indem von den Verantwortlichen im Upstream – üblicherweise das Management – Arbeitspakete platziert werden können. Die zwei gestrichelt dargestellten Karten zeigen auf, dass zwei weitere Arbeitspakete aufgenommen werden können.
- Die Spalte "**Bereit zur Auslieferung**" enthält die Arbeitspakete, die bereits umgesetzt wurden und die beim nächsten Release ausgeliefert werden sollen.

---

[118] Das Backlog stellt lediglich einen Teil des in diesem Beispiel dargestellten Entwicklungsprozesses dar. Ein Backlog ist kein Artefakt der Kanban-Methode.

[119] Im Englischen wird diese Spalte häufig **Input Queue** oder **Pull-Buffer** genannt. Diese Namen verdeutlichen etwas präziser, dass dies der Punkt ist, an dem Arbeitspakete, einem Pull-Mechanismus folgend, aufgenommen werden.

- Die Unter-Spalte "**Fertig**" in dem Entwicklungsschritt "**Entwicklung**" ist eine Warteschlange. Hier werden Arbeitspakete platziert, welche fertig entwickelt wurden und nun getestet werden sollen. Diese Spalte ist notwendig, da Kanban dem Pull-Prinzip folgt und somit die Arbeitspakete nicht einfach in die Spalte **Test** geschoben werden dürfen.

Um ein physisches Kanban-Board leichter verständlich zu machen, empfiehlt es sich, die von David Anderson vorgeschlagene Farbcodierung[120] zu verwenden.

Die Zahlen unter den Spaltennamen stellen die maximale Anzahl an Arbeitspaketen für den entsprechenden Entwicklungsschritt dar. Für den Fall, dass die Spalte wiederum in Unter-Spalten geteilt ist, gilt die maximale Anzahl an Arbeitspaketen für die Summe der Unter-Spalten.

Wie im Entwicklungsschritt **Entwicklung** zu sehen ist, kann – wie im Kapitel 5.4.3.1 über Service-Klassen beschrieben – die maximale Anzahl an Arbeitspaketen kurzfristig überschritten werden, um ein Ticket der Klasse **"Beschleunigt"** zu bearbeiten.

5.6.2 Das kumulative Flussdiagramm

Ein kumulatives Flussdiagramm erlaubt die Darstellung der Verläufe der Anzahl an Arbeitspaketen in den unterschiedlichen Entwicklungsschritten über der Zeit. Diese Verläufe werden in aufsummierter Form dargestellt.

Aus einem kumulativen Flussdiagramm kann man die **durchschnittliche Verweildauer in einem Entwicklungsschritt** ablesen, indem man die Differenz des Verlaufs des entsprechenden Entwicklungsschritts mit dem Verlauf des folgenden Entwicklungsschritts auf der x-Achse bestimmt. Außerdem kann man die **Anzahl an parallel bearbeiteten Arbeitspaketen** in einem Arbeitsschritt bestimmen, indem man die vertikale Differenz dieser beiden Verläufe bildet.

Bildet man diese beiden Differenzen über alle Entwicklungsschritte, kann man die Durchflusszeit und die Anzahl an bearbeiteten Arbeitspaketen ablesen.

Diese Zusammenhänge sind in dem folgenden Beispiel eines kumulativen Fluss-Diagramms eingezeichnet:

---

[120] Die Farbcodierung ordnet den unterschiedlichen Serviceklassen folgende Farben zu: Beschleunigt = blau, Fester Termin = lila, Standard = gelb und Unbestimmt = grün.

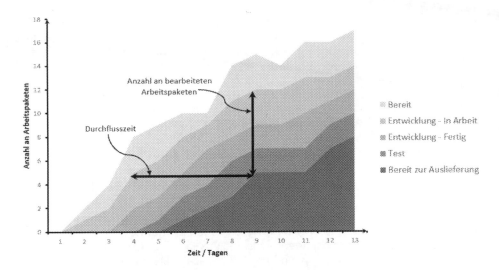

Bild 5-3 Beispiel eines kumulativen Fluss-Diagramms

5.7   Vergleich von Kanban mit Scrum

Die folgenden **Gemeinsamkeiten** werden gesehen:

- Beide sind **agil**. Kanban und Scrum liefern **inkrementell** aus.
- Beide wollen **möglichst rasch Software-Inkremente ausliefern**.
- Sowohl Scrum als auch Kanban genügen dem **Pull-Prinzip**. Bei Scrum werden stets zu Beginn eines Sprints Product Backlog Items aus dem Product Backlog in den Sprint Backlog übernommen. Bei Kanban fordert eine Arbeitsstation ein Produkt von der vor ihr liegenden Arbeitsstation an.
- Beide begrenzen **die Anzahl angefangener Arbeitspakete (WIP)**. Bei Kanban ist das ein explizites Ziel durch Begrenzung der Aufgaben pro Entwicklungsphase. Bei Scrum wählt das Entwicklungsteam so viele Arbeitspakete aus, die aus seiner Sicht innerhalb eines Sprints (Iterationszyklus) umgesetzt werden können.
- Beide Ansätze führen zu einer **erhöhten Motivation**, da der **Stellenwert des Teams** im Vergleich zu klassischen Ansätzen verbessert ist. Beide setzen auf **selbstorganisierende Teams**.
- Beide betonen die **Transparenz**.
- Außerdem implementieren beide Ansätze **Maßnahmen zur ständigen Überprüfung und Verbesserung**.
- **Empirische Daten werden ausgewertet** (Team-Geschwindigkeit/Durchlaufzeiten).

Die folgenden **Unterschiede** werden gesehen:

- Bei Kanban wird ein **kontinuierlicher Fluss der Auslieferungen** angestrebt. Bei Scrum erfolgt die Auslieferung neuer lauffähiger Inkremente im Rahmen von **gleich langen Sprints**, also in Zyklen von einigen Wochen.

- Scrum erfordert in der herkömmlichen Organisation starke Änderungen, was quasi einer **Revolution der Organisation** gleichkommt. Es ist ein teamorientierter Ansatz. Ein Scrum-Projekt ist in einer Organisation quasi ein "autonomes" Projekt. Dies ist bei Kanban nicht der Fall. Die vorhandenen Strukturen der Organisation werden beibehalten. Bei Kanban handelt es sich um eine Change Management-Methode, die darauf ausgelegt ist, Änderungen **evolutionär** und **inkrementell** als Evolution zu bewirken.

- Im Mittelpunkt von Kanban steht die Wertgenerierung entlang der Wertschöpfungskette. Scrum kennt eine einzige "Arbeitsstation", das Scrum Team.

- Bei Kanban gibt es für die durchzuführenden Aufgaben **verschiedene Prioritätslevel mit verschiedenen Bearbeitungsvorschriften**. Bei Scrum gibt es zwar Prioritäten im Product Backlog, aber **keine verschiedenen Bearbeitungsvorschriften für Prioritätsklassen**.

- Bei Kanban kann ein neues Arbeitspaket begonnen werden, **sobald die entsprechende Arbeitskapazität frei wird**. Dies ermöglicht bei Kanban eine schnellere Reaktionsfähigkeit. Bei Scrum kann in dringenden Fällen ein **Abbruch des Sprints** notwendig werden, damit schnell genug auf dringende Anforderungen reagiert werden kann.

- Das Kanban-Board wird **kontinuierlich gepflegt**, das Scrum-Board **nach jedem Sprint initialisiert**.

- Bei Scrum müssen die **Anforderungen** so **abgearbeitet** werden, dass sie innerhalb einer Iteration umgesetzt werden können. Bei Kanban ist dies **nicht der Fall**.[121]

- Bei Scrum verspricht das Team, eine **bestimmte Arbeit während des nächsten Sprints** umzusetzen. Eine **Selbstverpflichtung** ist bei Kanban **nicht vorgesehen**, aber möglich.

---

[121] Es ist erstrebenswert, aber nicht unbedingt notwendig, auch bei Kanban die Arbeit in Arbeitspakete etwa gleicher Größe herunterzubrechen, um einen kontinuierlichen und möglichst schnellen Fluß zu haben.

Kapitel 6

Agile Entwicklung im Sinne des Systems

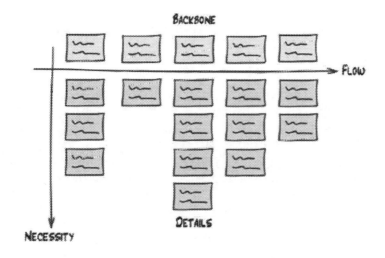

6 Agile Entwicklung im Sinne des Systems

Um die Wahrscheinlichkeit für ein gutes Softwaresystem zu erhöhen, ist es zusätzlich wichtig, dass Entwickler und die Vertreter des Kunden kontinuierlich gemeinsam an einem **geteilten Verständnis** über die zu lösende **Aufgabe** und über die **Vision des zu liefernden Systems** arbeiten. Dieses gemeinsame Verständnis ist regelmäßig zu überprüfen und anzupassen. Es verändert sich im Laufe der Zeit. In Kombination mit einem Feedback über den aktuellen Kundennutzen dient es dem Entwicklungsteam als Richtschnur.

Als Mittel zur Schaffung eines gemeinsamen Verständnisses des Problembereichs, also der Welt des Kunden, wird das Thema Domain-Driven Design in Kapitel 6.1 behandelt. Um ein geteiltes Verständnis der System Vision zu erzeugen, wird "User Story Mapping" in Kapitel 6.2 beschrieben.

6.1 Domain-Driven Design[122]

Domain-Driven Design[123] ist eine Herangehensweise bzw. Denkweise für die Entwicklung komplexer Software-Projekte. DDD orientiert sich zwar an den **agilen Methoden**, betont aber dennoch das **Domänenmodell**.

> Ein Domänenmodell abstrahiert die Geschäftslogik einer Domäne, das heißt den betrachteten Problembereich, der durch die zu entwickelnde Software unterstützt werden soll.

Das Domänenmodell sollte vorzugsweise grafisch durch Klassen und ihre Assoziationen sowie durch andere Diagramme beschrieben werden, da grafische Darstellungen leicht eingängig sind. Der Name "Domain-Driven Design" wurde geprägt durch das gleichnamige Buch von Eric Evans aus dem Jahre 2003.

Damit die Softwareentwickler bei der Programmierung nicht die eigentliche Aufgabe verfehlen, fordert Domain-Driven Design eine engere Zusammenarbeit von Fachexperten der Anwendungsdomäne und den Entwicklern bei der Erstellung des Domänenmodells, das in einer gemeinsamen und für alle beteiligten Parteien verständlichen Sprache entwickelt werden soll, der sogenannten "Ubiquitous Language" [Eva03, S. 24-29].

---

[122] Dieses Grundlagenkapitel basiert auf dem gleichnamigen Grundlagenkapitel der Bachelorarbeit von Max Schäufele [Sch12]. Formulierungen und Struktur wurden teilweise daraus übernommen.
[123] abgekürzt DDD

6.1.1 Die Ubiquitous Language

Die Fachgebietsexperten für eine Domäne verwenden zur Beschreibung dieser Domäne ein Vokabular, welches die branchenüblichen Begriffe dieses Fachgebiets umfasst. In dieser Sprache sollen auch die Software-Entwickler arbeiten. Diese gemeinsame Sprache ist die Ubiquitous Language.

In dieser Sprache soll die gesamte Kommunikation ablaufen einschließlich der Benennung der Begriffe des Domänenmodells oder des Programmcodes.

Zur Erstellung des Modells und des Codes braucht man also eine im Team **einheitliche Sprache**, die bereits erwähnte **"Ubiquitous Language"**. Das Modell ist sozusagen das Rückgrat dieser Sprache. Wird die Sprache verändert, so ändert sich auch das Modell [Eva14, S. 5]. Die Sprache dient dazu,

- erstens jegliche Form der Kommunikation im Projekt in der Fachsprache der jeweiligen Branche präzise zu erfassen und
- zweitens eine Sprachverwirrung zwischen den Experten des Problembereichs und den Software-Entwicklern zu verhindern.

In vielen Fällen ersetzt eine zu schreibende Software einen manuellen Vorgang. In einem solchen Fall findet man für die zu findenden Namen und Verantwortlichkeiten eine Inspiration in dem existierenden, manuellen Geschäftsprozess.

6.1.2 Einordnung von Domain-Driven Design

Nach Aussage der DDD-Community [dcomwi] ist der Kern von DDD wie folgt:

"Domain-driven design (DDD) is an approach to developing software for complex needs by deeply connecting the implementation to an evolving model of the core business concepts.

Its premise is:

- Place the project's primary focus on the core domain and domain logic.
- Base complex designs on a model.
- Initiate a creative collaboration between technical and domain experts to iteratively cut ever closer to the conceptual heart of the problem.

[...]

Domain-driven design is not a technology or a methodology. DDD provides a structure of practices and terminology for making design decisions that focus and accelerate software projects dealing with complicated domains."

DDD befasst sich also mit komplexen Systemen und betont den besonderen Wert eines Domänenmodells und die Zusammenarbeit zwischen den Experten des Problembereichs und den Entwicklern. Hierzu bietet DDD eine Struktur von Praktiken und

Begriffen an, die Entscheidungen erleichtern, ohne den Charakter eines geschlossenen Modells für sich einzufordern.

Dass Software generell auf einem **fachlichen Modell der Anwendung** beruht, wird bei DDD besonders stark betont. Der Code soll das Modell widerspiegeln. Würde man spezifikationsorientiert vorgehen, so würde vor dem Entwurf im Rahmen der Systemanalyse stets ein fachliches Modell erstellt. Daher ist die oben genannte Notwendigkeit eines Modells nichts prinzipiell Neues.

Die besondere Betonung des Domänenmodells wurde jedoch aus zwei Gründen relevant:

- Erstens bestand damals bei den Enterprise-Anwendungen ein Trend hin zu technischen Konstrukten unter Vernachlässigung der objektorientierten Idee.
- Zweitens berücksichtigten zum damaligen Zeitpunkt die verstärkt aufkommenden agilen Ansätze den Problembereich des zu realisierenden Systems oft nur unzureichend.

Zum Zeitpunkt der Entstehung von DDD herrschten bei den Enterprise-Anwendungen rein technische Tendenzen vor. So ging damals beispielsweise Java EE bei den Enterprise-Anwendungen weg von normalen Java-Objekten und setzte auf Komponentenmodelle mit speziellen technischen Konstrukten wie Containern und speziellen Schnittstellen. Dabei gab es die Konstruktion der damaligen Komponenten Entity Beans und der zugehörigen technischen Container. Während der Blütezeit der Entity Beans ging leider eine gute Modellierung verloren.

DDD ist sozusagen als ein Aufruf "ad fontes" zu verstehen, nämlich zu normalen Objekten des Problembereichs als transienten Datenspeichern zurückzukehren. Heutzutage hat Java im Falle der Enterprise-Anwendungen durch die Einführung sogenannter "Plain Old Java Objects", den POJOs – also "ganz normalen" Objekten –, sich wieder den ursprünglichen Konzepten der Objektorientierung angenähert.

Bei den agilen Ansätzen hingegen drohte die Gefahr, dass die verschiedenen User Stories isoliert voneinander programmiert wurden, wobei die Gesamtheit der verschiedenen User-Storys dann nicht das gewünschte System ergab, da der Zusammenhang der verschiedenen Lösungskomponenten unzureichend berücksichtigt wurde.

DDD macht verschiedenartige Aussagen zur Software-Entwicklung. Diese sind in der Tat etwas heterogen, aber durchaus wertvoll. In dem vorliegenden Kapitel über DDD sollen die Aussagen und die Besonderheiten von DDD herausgearbeitet und bewertet werden.

6.1.3 Voraussetzungen für DDD

Für die Anwendung von DDD gibt es folgende Voraussetzungen:

- Die Domäne ist nicht trivial.
- Das Projektteam ist erfahren und beherrscht das objektorientierte Design und die objektorientierte Programmierung.

- Das Projekt hat Zugang zu Domänen-Experten.
- Der Prozess ist iterativ.

Diese Voraussetzungen werden in den folgenden Kapiteln 6.1.3.1 bis 6.1.3.4 besprochen.

6.1.3.1 Nicht-Trivialität des Projektes

Ein Projekt sollte nicht trivial sein, da sich sonst der Aufwand für das Erstellen eines Modells nicht lohnt. DDD richtet sich an große Systeme, deren Geschäftslogik verändert oder erweitert werden können soll. In umfangreichen Systemen ist es schwierig, den Überblick zu behalten. Genauso schwierig ist es, ein bestehendes System um eine zusätzliche Funktionalität der Geschäftslogik zu erweitern, wenn das System in den Gedanken seiner Entwickler für eine gewisse Zeit ohne die Existenz eines Domänenmodells geruht hat. An dieser Stelle setzt DDD an, indem es ein Modell der Domäne fordert, das in Zusammenarbeit mit Domänen-Experten in einer einheitlichen Sprache, der Ubiquitous Language, geschrieben wird. Das Domänenmodell ist in den Fachbegriffen der Domäne geschrieben, so dass die Funktionalität der Domäne für den Fachmann selbsterklärend und für den Softwarespezialisten hilfreich ist.

6.1.3.2 Erfahrungen in der Objektorientierung

Ohne Erfahrung kann man nur absolut triviale Projekte bewältigen. Kenntnisse der Objektorientierung wären auf den ersten Blick eigentlich zunächst nicht Voraussetzung für das Erstellen eines Modells des betrachteten Problembereichs, da das Finden eines Modells als eine Abstraktion der Domäne auch nicht objektorientiert funktionieren könnte. Für die beabsichtigte Verwendung objektorientierter Konzepte wie Datenkapselung und Information Hiding stellen "Pseudo-Objekte" der prozeduralen Programmierung jedoch nur unzureichende Mechanismen zur Verfügung. Daher wird von einer prozeduralen Programmierung bei Verwendung von DDD abgesehen.

6.1.3.3 Erfordernis von Domänenexperten

Die Domäne steht bei DDD absolut im Mittelpunkt und die Fachexperten sind diejenigen Personen, die sich am besten mit der Domäne auskennen. Daher ist der Zugang zu Fachexperten der Domäne essentiell bei DDD. Abel Avrem und Floyd Marinescu haben dies sehr einfach in ihrem Buch "Domain-Driven Design Quickly" etwa mit den folgenden Worten verdeutlicht [Avr07, S. 4].

"Um gute Software zu entwickeln, muss man wissen, was die Software können muss. Man kann kein Bankensystem entwickeln, ohne zu wissen, welche Aufgaben in einer Bank durchgeführt werden. Man muss die Domäne einer Bank verstehen."

Es ist demnach schwierig, ein komplexes Bankensystem zu entwickeln, ohne das Wissen über die entsprechende Domäne zu haben. Softwarearchitekten, Software-analysten und Entwickler haben in der Regel keine guten Kenntnisse über die Funktionsweise einer Bank. Bankfachkräfte hingegen sind diejenigen Personen, die sich am besten mit Banken auskennen. Sie sind Experten auf ihrem Fachgebiet. Diese Experten können dem Softwarearchitekten/-entwickler am besten erklären, was sie für ihre Arbeit brauchen, und wo beispielsweise Denkfehler und Stolperfallen sind. Domänen-Experten kennen jedes Detail ihrer Arbeitsweise.

6.1.3.4 Iterativer Prozess

Nur durch wiederholte Gespräche mit den Domänen-Experten erhalten Entwickler ein tiefes Verständnis der Geschäftsprozesse, die sie realisieren sollen. Das Modell wird so immer weiter ausgebaut und das Risiko der Aufgaben, die das System erfüllen soll, wird dabei minimiert. Des Weiteren werden die bereits bestehenden Konzepte verfeinert. Durch das wiederholte Erörtern des Prozesses erhalten die Softwarespezialisten mit der Zeit die Sicht der Domänen-Experten.

6.1.4 Strategien für komplexe Systeme

Idealerweise hätte man gerne ein einziges Modell für ein System. Für komplexe Systeme ist das allerdings nicht realisierbar. Die Geschäftsprozesse einer Firma sind oft sehr komplex und breit aufgefächert, so dass ein System – wenn es als eine Einheit betrachtet wird – zu groß und zu unübersichtlich wird, als dass man es in einem einzigen Modell leicht darstellen könnte. DDD setzt deshalb darauf, die Teilmodelle eines Gesamtsystems nach dem Prinzip "Separation of Concerns" zu erstellen. Hierbei wird nach fachlichen Bereichen getrennt. [124]

Strategisches Design ist ein Satz von Prinzipien, die laut Eric Evans sowohl in der Konzeption, als auch in der Implementierung umgesetzt werden müssen [Eva03, S. 327 ff.], um

- die wechselseitige Abhängigkeit von Systemteilen zu verringern,
- das Gesamtsystem in mehrere kleinere Modelle aufzuspalten und deren Schnittstellen zueinander genau zu definieren und
- die Integrität der Teilmodelle innerhalb ihres Gültigkeitsbereichs, also ihrem Kontext ("Bounded Context", siehe Kapitel 6.1.4.1), zu garantieren und zu erhalten.

Hierzu müssen

- **Bounded Contexts**,
- eine **Continuous Integration** und
- die sogenannte **Context Map** (dt. **Kontextübersicht**)

betrachtet werden. **Bounded Contexts** verwendet man wegen der Erstellung von Teilmodellen. Die **kontinuierliche Integration** braucht man, um Inkonsistenzen innerhalb eines Bounded Context rasch zu finden, und die **Kontextübersicht** vermittelt eine Übersicht über die verschiedenen Kontexte, ihre Grenzen und ihre Schnittstellen. Bounded Contexts, Continuous Integration und die Context Map werden in den folgenden Kapiteln 6.1.4.1 bis 6.1.4.3 diskutiert.

---

[124] Durch die Aufspaltung in Teilmodelle schafft man sich natürlich das Problem, dass die verschiedenen Teilmodelle quasi eigene Wissensinseln darstellen. Laut Evans stellt das allerdings kein Problem dar, solange die Schnittstellen und Grenzen der Teilmodelle und ihre Rolle im Gesamtsystem genau definiert werden.

6.1.4.1 Bounded Context

Die verschiedenen Kontexte der obersten Organisationsebene eines Systems werden – wie bereits erwähnt – als "Bounded Contexts" (dt. "abgegrenzte Kontexte") bezeichnet. Bounded Context ist ein zentrales Muster von DDD für die Bewältigung großer Systeme. Eigentlich ist dieses Muster in der Informatik nichts Neues. Es ist eine wohl definierte Ausprägung des Prinzips "divide et impera" (dt. teile und herrsche). DDD behandelt große Systeme, indem es diese in verschiedene abgegrenzte Kontexte unterteilt und ihre wechselseitigen Zusammenhänge detailliert beschreibt. Eine Domäne wird nach dem Prinzip von "Separation of Concerns" in einzelne Kontexte, die Bounded Contexts, aufgeteilt.

Um brauchbar zu sein, muss ein Modell intern konsistent sein. Widersprüche dürfen keine auftreten. Bei der Modellierung einer größeren Domäne wird es zunehmend schwerer, zu einem konsistenten Modell zu gelangen, das überdies in einheitlicher Notation beschrieben wird. Die Vokabulare verschiedener Gruppen von Personen driften schnell auseinander. Das kann sogar bei den zentralen Konzepten einer einzigen Domäne passieren, wenn man nicht achtgibt.

DDD hat erkannt, dass eine einheitliche Beschreibung des Domänenmodells für ein großes System weder zweckmäßig noch kosteneffizient ist. Stattdessen teilt DDD ein großes System in die schon genannten Bounded Contexts mit jeweils einem einheitlichen Modell ein, wobei es Beziehungen zwischen den Elementen der verschiedenen Kontexte geben kann. Nach DDD ist jeweils innerhalb jedes Bounded Context ein eigenes Modell zu erstellen. Die Grenzen und Schnittstellen eines Bounded Context werden in der Context Map festgehalten. .

Bounded Contexts sind der Fokus des strategischen domänengetriebenen Designs für große Systeme. Im Rahmen von DDD entwirft man die Software auf Basis des Modells der betreffenden Teildomäne.

Bei Systemen, die nicht in verschiedene Zuständigkeiten nach "Separation of Concerns" aufgeteilt werden, werden Bounded Contexts nicht gegenseitig isoliert und voneinander getrennt, sondern das gesamte Modell wird auf einmal erstellt. Dies führt leicht zu einer mangelhaften Durchdringung des Modells, da die Bearbeiter überfordert sein können.

Jedes Modell gilt nur innerhalb seiner Grenzen.

Wenn der Code, der zu verschiedenen Teilmodellen gehört, zu einem Gesamtsystem "zusammengeworfen" wird, so erweist sich dieser Code in der Regel als fehlerhaft und als schwer zu verstehen. Deshalb sollten die Kontexte genau abgegrenzt werden und die Kommunikation zwischen den Kontexten sollte über wohldefinierte Schnittstellen erfolgen.

Ein Modell einer Domäne wird in einer Ubiquitous Language beschrieben, um die Kommunikation zwischen den Domänen-Experten und den Software-Entwicklern der betrachteten Domäne zu erleichtern. Das Modell dient auch als konzeptionelle

Grundlage für den Entwurf der Software – wie auch immer das Modell in Objekte oder Funktionen umgesetzt wird. Jeder der Kontexte besitzt seine eigene Ubiquitous Language. So kann es beispielsweise einen Kontext für die Produktion oder einen Kontext für den Verkauf geben. Die Konzepte (Abstraktionen) der verschiedenen Bounded Contexts können unabhängig voneinander sein, können aber auch formal gleich sein, wobei ihre Bedeutung jedoch verschieden sein kann. So können verschiedene Gruppierungen von Personen geringfügig verschiedene Konzepte mit gleichem Namen in verschiedenen Teilen des Gesamtmodells verwenden.

6.1.4.2 Continuous Integration

Wenn mehrere Personen an demselben Modell eines Bounded Context arbeiten, kann es leicht zu Inkonsistenzen kommen. Das Modell zerbricht dann in verschiedene in sich selbst konsistente Teile und kann sich in der Folge in verschiedene Richtungen entwickeln, wenn die von der Fragmentierung bedrohten Teile nicht kontinuierlich wieder zusammengeführt werden. Es kann bei der Arbeit im Team vorkommen, dass ein Entwickler die Funktionalität eines Objekts missversteht und diese in seinem Sinne anpasst, so dass das Objekt für die ursprünglich vorgesehene Aufgabe unbrauchbar wird. Auch kann es passieren, dass funktional gleiche Objekte mehrfach in verschiedener Ausprägung konzipiert werden. Aus diesem Grund ist eine gute Kommunikation innerhalb eines Teams sehr wichtig.

Das Zusammenfügen der Ergebnisse einzelner Entwickler sollte in zeitlich kurzen Abständen erfolgen, damit der Integrationsaufwand nicht zu groß wird. Kontinuierliche Integration bedeutet, dass in bestimmten Zeitintervallen die Arbeit aller Beteiligter eines Bounded Context zusammengeführt wird und mögliche Gabelungen der Konzepte eliminiert werden. Damit bleibt das Konzept des Systems konsistent.

DDD ist ein iterativer Prozess, bei dem die Konzeption und Implementierung eines Systems Hand in Hand einhergehen. Das bedeutet, dass das System ständig im Wandel ist. Um die Konsistenz der Funktionalität zu gewährleisten, ist darauf zu achten, dass der Vorgang der **"Continuous Integration"** sowohl **im Modell** als auch **in der Implementierung** stattfindet.

Eine ständige Kommunikation und eine strikte Einhaltung der entsprechenden Ubiquitous Language sind der Schlüssel zu einem sauberen Modell. Dadurch bekommen alle beteiligten Entwickler gleichermaßen ein Verständnis für ein sich ständig wandelndes Modell. Auf der anderen Seite muss auch der implementierte Code wieder sauber integriert werden. Diese Prozesse sind laut Eric Evans [Eva03, S. 342] wie folgt charakterisiert:

- a step-by-step, reproducible merge/build technique;
- automated test suits; and
- rules that set some reasonably small upper limit on the lifetime of unintegrated changes.

Außerdem sagt Evans, dass eine Continuous Integration immer nur innerhalb eines Bounded Context essentiell ist und dass jeder Kontext separat behandelt werden soll.

6.1.4.3 Context Map

Erstellt man ein Teilmodell, so können andere Teilmodelle noch im Fluss sein. Ein einzelner, klar definierter Bounded Context liefert noch keine globale Sicht über das Gesamtsystem. Daher muss für jedes Modell sein begrenzter Kontext festgelegt werden. Alle Namen eines Teilmodells müssen aber Teil der allgemein gültigen, einheitlichen Sprache für dieses Teilmodell sein. Die Berührpunkte zwischen den verschiedenen Teilmodellen müssen identifiziert werden.

Die Grenzen eines Systems können im Rahmen der Erstellung der sogenannten "Context Map" (dt. Kontextübersicht) untersucht werden.

> Eine Context Map dient zur Übersicht über alle Modelle der verschiedenen Bounded Contexts, insbesondere über deren Grenzen und Schnittstellen.

Es soll vermieden werden, dass Kontexte in den Bereich anderer Kontexte wachsen. Die Kommunikation zwischen den Kontexten erfolgt über wohl definierte Schnittstellen.

Eine Kontextübersicht sollte folgende Eigenschaften abdecken [Eva03, S. 345]:

"In einem Projekt muss jedes Modell des Systems ermittelt und müssen die Bounded Contexts definiert werden. Das kann auch nicht objektorientierte Teilsysteme einschließen. Jeder Bounded Context soll einen Namen erhalten, der dann Teil der Ubiquitous Language für diesen Bounded Context wird. Die Schnittstellen zwischen den Modellen müssen erfasst werden, die Kommunikation zwischen Kontexten muss klar beschrieben sein und jede Beteiligung anderer Kontexte muss hervorgehoben werden."

Die Kontextübersicht kann verschiedene Formen annehmen, diese reichen von Diagrammen, die die Bounded Contexts und ihre Schnittstellen darstellen, bis zu textuellen Beschreibungen des Systems. Die verwendete Form kann individuell an die Bedürfnisse des jeweiligen Projekts angepasst werden. Voraussetzung ist hierfür, dass jedes Teammitglied die Kontextübersicht versteht sowie, dass die Bezeichnungen und Schnittstellen der Bounded Contexts klar definiert sind.

6.1.5 Bausteine von DDD

Bei DDD gibt es verschiedene Bausteine, mit denen das System entworfen bzw. modelliert werden kann. Wichtige Bausteine von DDD sind:

- Architekturen,
- Entitäten,
- Wert-Objekte,
- Aggregate,
- Domain Events,

- Module,
- Assoziationen,
- Services,
- Repositories und
- Fabriken.

Diese Bausteine sollen in den folgenden Kapiteln 6.1.5.1 bis 6.1.5.7 dargestellt werden.

6.1.5.1 Architekturen

Der einfachste Ansatz, ein objektorientiertes Programm zum Laufen zu bringen, wäre, das User Interface, die Datenbankzugriffe und weiteren unterstützenden Code direkt in die Objekte der Geschäftslogik zu implementieren. Ein solches Vorgehen sollte aber vermieden werden, da auf diese Weise viele verschiedene Arten von Funktionalität stark verwoben werden würden. Das verstößt gegen das Prinzip der losen Kopplung. Außerdem wird der Code unverständlich und schwer zu lesen. Das kann unter Umständen auch dazu führen, dass Änderungen am User Interface oder an anderem unterstützenden Code die Geschäftslogik verändert oder sogar zerstört. Außerdem müsste der Code ständig angepasst und von Fehlern befreit werden, da sich der Code der Geschäftslogik und der technische Code, der das System zum Laufen bringt, gegenseitig beeinflussen. Das System müsste sehr einfach gehalten werden, um überhaupt noch verstanden zu werden.

Komplexe Systeme werden daher nach dem Prinzip der "Separation of Concerns" in mehrere Teile zerlegt. Das bedeutet, dass unterschiedliche Aufgaben in getrenntem Code implementiert werden. Im Gegensatz zu den Bounded Contexts, in denen die Geschäftslogik aufgeteilt wird, wird in den Architekturen bei DDD nach technischer Funktionalität und Geschäftslogik getrennt. Funktionalität lässt sich so getrennt und unabhängig voneinander implementieren. Dadurch lassen sich Änderungen in den verschiedenen Teilen leichter realisieren, da sie keine gravierenden Auswirkungen auf andere Bereiche haben.

Ein Weg, die verschiedenen Funktionalitäten eines Systems zu trennen, ist die Verwendung eines **Schichtenmodells**. Im Folgenden wird das Schichtenmodell für ein System, das unter Einsatz von DDD entwickelt wird, dargestellt [Eva03, S. 68]:

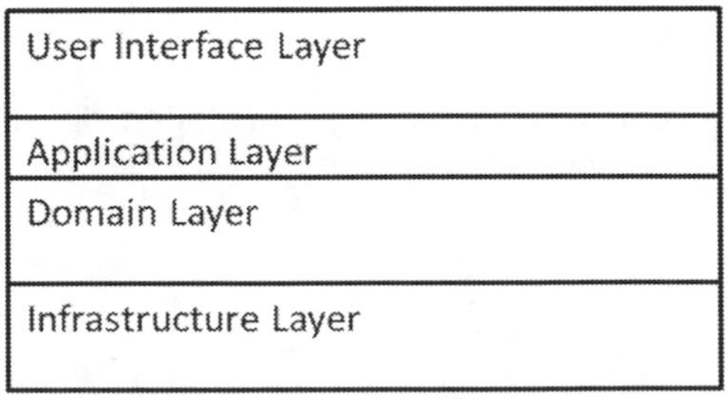

| User Interface Layer |
| Application Layer |
| Domain Layer |
| Infrastructure Layer |

Bild 6-1 Schichtenmodell eines Systems

Der Code des Domänenmodells (Domain) wird getrennt von dem Code für

- das User Interface,
- die Application und
- die Infrastructure.

Diese Schichten werden im Folgenden beschrieben:

- Das **User Interface** (**Presentation Layer**) stellt dem Benutzer Informationen zur Verfügung und nimmt Kommandos des Benutzers entgegen.
- Der **Application Layer** koordiniert die gesamte Aktivität einer Applikation. Diese dünne Schicht enthält dennoch keine Geschäftslogik. Sie greift sowohl auf die Objekte und Services im Domain Layer, als auch auf die Services im Infrastructure Layer zu, um ihre Aufgaben zu erfüllen. Der Application Layer stellt eine API in Form von Application Services für den UI Layer bzw. für die Außenwelt zur Verfügung.
- Der **Domain Layer** besteht aus Informationen über die Domäne. Er ist das Herzstück der Business Software. Der Zustand der Businessobjekte wird in dieser Schicht gehalten. Die Persistenz der Objekte und möglicherweise ihr Zustand werden an den Infrastructure Layer delegiert.
- Der **Infrastructure Layer** dient als unterstützende Bibliothek für alle anderen Schichten. Er stellt die Kommunikation zwischen den Schichten bereit, implementiert die Persistenz für die Objekte der Geschäftslogik und enthält unterstützende Bibliotheken z. B. für das User Interface.

Wenn der Code nicht klar genug in Schichten getrennt wird, ist er bald so verwoben, dass Änderungen nur noch schwer durchgeführt werden können und dass insbesondere Seiteneffekte in anderen Teilen des Codes nicht auszuschließen sind. Der Domain Layer sollte auf seine wesentlichen Domänenprobleme fokussiert werden. Das UI sollte nicht eng mit der Geschäftslogik verknüpft sein und genauso wenig mit den Aufgaben des Infrastructure Layer. Der Application Layer koordiniert und überwacht die gesamte Aktivität einer Applikation und führt beispielsweise Dienste der Datenaufbereitung aus [Eva03, S. 107].

Eine weitere Möglichkeit, die verschiedenen Funktionalitäten eines Systems zu trennen, ist die Verwendung der sogenannten **hexagonalen Architektur** bzw. **Ports and Adapters** [Ver13, S. 125-130]. Eine solche Architektur zeigt das folgende Bild:

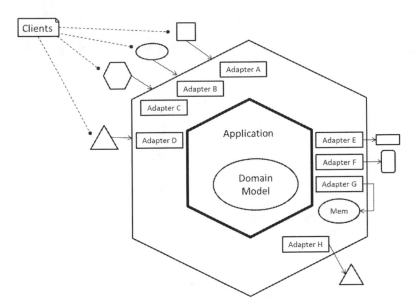

Bild 6-2 Hexagonale Architektur [Ver13, S. 126]

Die Architektur ist so aufgebaut, dass es einen **inneren Bereich** und einen **äußeren Bereich** gibt. Der innere Bereich ist alles, was sich innerhalb des inneren Sechsecks befindet. Der äußere Bereich ist dementsprechend alles, was sich zwischen dem inneren und dem äußeren Sechseck befindet. Der äußere Bereich ist dafür zuständig, dass Clients von außen auf das System zugreifen können und er stellt Mechanismen für den Zugriff auf persistente Daten und für das persistente Abspeichern oder Versenden von Output-Daten aus dem inneren Bereich zur Verfügung.

Die einzelnen Seiten des äußeren Sechsecks repräsentieren die einzelnen Ports. Ein Port kann entweder ein Input- oder ein Output-Port sein. Im Beispiel gehören die Adapter A, B und C zum selben Port, während Adapter D zu einem anderen Port gehört. Jeder Port ist dabei an ein bestimmtes Protokoll gebunden, das als API realisiert ist. Dieses Protokoll soll die Kommunikation der Clients mit dem inneren Bereich ermöglichen.

Die sechseckige Darstellung hat für diese Architektur keine besondere Bedeutung, es soll nur gezeigt werden, dass es eine begrenzte Anzahl an Ports gibt und dass nach Bedarf noch weitere Adapter hinzugefügt werden können. In der Regel werden weniger als sechs Ports benötigt, es können problemlos aber auch noch Ports hinzugefügt werden und die visuelle Darstellung kann dementsprechend in einfacher Weise ergänzt werden [cockbu].

Die einzelnen Clients greifen hier auf das System über die für sie vorgesehenen Adapter zu. Jeder Clienttyp hat seinen eigenen Adapter. Die Adapter transformieren Input-Daten von den Clients in Daten, die der innere Bereich versteht. Wenn die Anwendung ("Application" in obiger Abbildung) jene Daten erhält, wird eine Operation in der Anwendung ausgelöst oder der Anwendung wird ein Event geschickt. Daraufhin wird die Anfrage bearbeitet und die Anwendung nutzt das Domänenmodell für die Ausführung der involvierten Geschäftslogik.

Die API der Anwendung ist nach außen als eine Menge von sogenannten "Application Services" sichtbar.

6.1.5.2 Entitäten

> **Jede Entität** (engl. entity) ist ein Objekt mit einer **eigenen Identität** und damit einem eigenen Lebenszyklus.

Das bedeutet, dass alle Entitäten prinzipiell voneinander verschieden sind, selbst wenn sie zufälligerweise dieselben Daten tragen.

Eine Entität kann identifiziert werden durch einen identifizierenden, eindeutigen Wert eines Attributs, den eindeutigen Wert einer Gruppe von Attributen oder den eindeutigen Wert eines eigens für die Identität geschaffenen Attributs.

Eine Entität beinhaltet Daten zu einem Objekt, das ein Gegenstück in der realen Welt hat, beispielsweise eine Person. Eine Person hat einen Namen, Vornamen, Geburtsdatum, Adresse (Postleitzahl, Stadt, Straße, Hausnummer) und viele weitere Attribute. Die Unterscheidung von Personen könnte z. B. durch den vollständigen Namen erfolgen, aber es kann mehrere Personen mit demselben Namen geben. Der Name in Kombination mit dem Geburtsdatum gibt zwar eine große Einschränkung der Personen an, ist aber immer noch nicht eindeutig, da auch mehrere Personen mit gleichem Namen am gleichen Tag geboren sein können. Auch bei Verwendung mehrerer Attribute kann ihr Wert nicht eindeutig sein. Dies kann dazu führen, dass falsche Objekte benutzt bzw. verändert werden.

6.1.5.3 Wert-Objekte

> Ein **Wert-Objekt** (engl. Value Object) besitzt zwar Attribute, weist aber keine konzeptuelle Identität auf.

Entitäten, die zufälligerweise dieselben Werte der Attribute haben, sind dennoch verschieden und haben jeweils ihre eigene Identität, zwei gleiche Wert-Objekte jedoch nicht.

Es ist zwar möglich, alle Objekte eines Systems als Entitäten mit einer eindeutigen Identität zu definieren, aber das ist nicht sonderlich sinnvoll. Man müsste in diesem Fall jedes Objekt mit einer Identität versehen und diese Identität bei der späteren Verwendung des Objekts abfragen. Bei gewissen Objekten kommt es aber nur auf die Werte der enthaltenen Attribute an und nicht auf ihre Eindeutigkeit, da diese Objekte mehrfach verwendet werden sollen. Es ist auch nicht sinnvoll, diese Objekte auf Kosten von Speicherressourcen mehrfach im System zu halten.

Beispiel:

Gegeben sei ein System zur Verwaltung von Personen. Die Adresse der Personen, die aus Postleitzahl, Ort, Straße und Hausnummer besteht, soll in einem eigenen

Objekt gespeichert werden, auf das eine Referenz einer Person zeigen soll. Mehrere Personen könnten jedoch an derselben Adresse wohnen. Wäre die Adresse als Entität definiert, so müsste im System dieselbe Adresse mehrmals für unterschiedliche Personen gehalten werden, was unnötigen Speicher verschwenden würde. Hier ist es sinnvoll, die Adresse als Wert-Objekt zu definieren. So kann das Objekt wiederverwendet werden.

6.1.5.4 Aggregate

Der Begriff "Aggregat" wird auch in anderen Kontexten wie z. B. in der UML verwendet. Die Bedeutung dieses Begriffes im Zusammenhang mit DDD ist von der Bedeutung in anderen Kontexten klar abzugrenzen.

Die Objekte eines Domänenmodells sind häufig stark miteinander verwoben. Ein solches Netz an Objekten kann sehr schnell unübersichtlich werden und es ist oft nicht klar, wie groß die Auswirkungen der Änderung eines Objektes sind. Schon bei einer einzigen isolierten Transaktion, die auf einer Datenbank ausgeführt wird und die ein Objekt ändert, stellt die unklare Reichweite der Transaktion ein Problem dar, da es nicht klar ist, welche Objekte genau von der Transaktion betroffen sind. Wenn auf die Objekte eines Systems nun auch noch gleichzeitig mehrere Clients zugreifen, dann ist es zusätzlich schwierig, die Konsistenz der Änderungen an den Objekten zu garantieren, da verhindert werden muss, dass voneinander abhängige Objekte gleichzeitig verändert werden. Und schließlich müssen auch Invarianten garantiert werden, die nicht nur zu einem Objekt, sondern zu einer ganzen Gruppe von Objekten gehören. Es muss also eine Lösung geben, bei der sowohl die Reichweite (engl. scope) einer jeden Transaktion klar definiert werden kann, als auch alle Invarianten sicher eingehalten werden können und damit die Konsistenz aller Objekte garantiert werden kann. Aggregate bieten eine Lösung der angesprochenen Probleme an. [Eva03, S.125-126]

Ein Aggregat bei DDD ist ein **Cluster** – also eine Menge – **von Domänenobjekten**, die logisch zusammenhängen und nur gemeinsam verändert werden sollten, da es ansonsten zu Inkonsistenzen im System kommen könnte.

Ein Aggregat kapselt die zusammengehörenden Objekte eines Clusters. Ein solches Cluster von Domänenobjekten wird als eine zusammengehörige Einheit behandelt.

Ein **Aggregat** ist das Grundelement bzw. die grundlegende **Einheit** für den Transfer bei der **Datenspeicherung**. Man lädt und speichert ganze Aggregate. Transaktionen sollten Aggregatgrenzen nicht überschreiten.

Aggregate sind in sich geschlossene Einheiten, die in sich konsistent bearbeitet werden müssen. Da in Datenbanken jeder Datensatz in jeder Tabelle einzeln abgefragt und bearbeitet werden kann, können bei diesen Zugriffen Inkonsistenzen der Datensätze entstehen. Daher sollten Aggregate als Einheiten für den Transfer von und zu der Datenspeicherung verwendet werden.

Eines der Objekte eines Aggregats ist das **Wurzelelement** des Aggregats. Das Wurzelelement ist eine Entität und muss eine Identität besitzen, die es global eindeutig bestimmt, da es das einzige Objekt des betreffenden Aggregats ist, das von außen referenziert werden darf. Die Objekte innerhalb eines Aggregats besitzen eine lokale Identität, da sie nur innerhalb des Aggregats kommunizieren dürfen.

Es ist externen Objekten verboten, Referenzen auf die untergeordneten Mitglieder eines Aggregats zu halten, um Änderungen an einem solchen Mitglied des Aggregats durchzuführen. Änderungen eines Aggregats erfolgen über das Wurzelelement.

Referenzen von außerhalb des Aggregats können nur zum Wurzelelement des Aggregats gehen. Nach außen hin wird ein Aggregat also durch ein einziges Objekt – das Wurzelelement – repräsentiert. Diese Einschränkung verhindert ein stark gekoppeltes System.

Das Wurzelelement eines Aggregats soll die **Integrität** des entsprechenden Aggregats insgesamt **erhalten**. Es ist dafür verantwortlich, dass die Invarianten des Aggregats eingehalten werden.

DDD-Aggregate werden manchmal mit Collection-Klassen (Listen, Maps, etc.) verwechselt. DDD-Aggregate sind Domänenkonzepte, während Collections generische technische Konstrukte sind. Ein Aggregat enthält oft mehrere Collections und weitere einfache Elemente [dddagg].

Die Wurzel eines Aggregats wird auch **Aggregatstamm** genannt. Aggregatstämme und Entitäten besitzen oft Zustandsautomaten.

6.1.5.5 Domain Events

Ein Domain Event ist ein Domänenobjekt, das ein **fachliches Ereignis** in einer Domäne repräsentiert. Ein solches Ereignis stellt immer eine erfolgte Zustandsänderung eines Domänenobjektes dar.

Es beschreibt also stets eine Zustandsänderung in der Vergangenheit. Versandt wird ein Domain Event in asynchroner Weise.

Nicht jedes Ereignis muss tatsächlich so wichtig sein, dass ein Domain Event dafür modelliert bzw. erzeugt werden muss. Wichtige Ereignisse sind solche, an denen die Domänenexperten interessiert sind bzw. die zu Zustandsänderungen in anderen Objekten führen [dddref, S. 20]. Ein Domain Event wird als Klasse modelliert und kann für jedes Auftreten des repräsentierten Ereignisses instanziiert bzw. erzeugt werden.

Fachliche Ereignisse können in einem verteilten System die Kommunikation zwischen den einzelnen Subsystemen übernehmen. Über Domain Events können asynchron Nachrichten zwischen den verschiedenen Teilsystemen ausgetauscht werden, wodurch eine Entkopplung der einzelnen Teilsysteme erreicht wird.

Über Domain Events kann die Mitteilung von Ereignissen nicht nur im lokalen Bounded Context erfolgen, es können auch andere Bounded Contexts benachrichtigt werden. Damit gehen Bounded Contexts, die miteinander kommunizieren müssen, nur eine schwache Kopplung ein [Ver13, S. 287].

Domain Events sind meist mit einem Zeitstempel versehen, der den Zeitpunkt enthält, zu dem ein Ereignis aufgetreten ist. Zudem beinhalten Domain Events die Identitäten der involvierten Entitäten, welche für die Verarbeitung der Domain Events herangezogen werden. Somit können Domain Events entsprechend ihres Auftretens abgearbeitet werden, um das System konsistent zu halten [dddref, S. 21].

Vorteile von Domain Events sind:

- Die Ursachen für Zustandsänderungen von Domänenobjekten können genau zurückverfolgt werden [dddref, S. 20].
- Verschiedene Bounded Contexts können mit minimaler Kopplung integriert werden [gemddd].
- Ein System kann leicht auf asynchrone Ereignisse reagieren [gemddd].
- Ein System kann über das Hinzufügen von Code um zusätzliche Funktionalität erweitert werden, ohne bereits existenten Code zu verändern [gemddd].
- Es kann ein robusteres und fehlertoleranteres System realisiert werden [gemddd].

6.1.5.6 Module

Module werden für die Organisation eines Modells in mehrere kleinere Einheiten, die konzeptionell (funktionell oder logisch) zusammengehören, verwendet. Insbesondere für größere, unübersichtliche Modelle lohnt sich die Verwendung von Modulen, da das Modell dadurch übersichtlicher und besser verständlich wird. Die Komplexität des Modells wird verringert. Es wird sozusagen eine zusätzliche Granularitätsebene in das Modell eingefügt, um die Orientierung im Modell zu erleichtern. Dadurch erhält ein Beobachter sowohl eine detaillierte Ansicht einzelner Module, als auch eine gröbere Sicht auf mehrere Module und ihre Beziehungen zueinander. Die einzelnen Module erhalten Namen, die wiederum Teil der Ubiquitous Language werden.

Die Erstellung der Module sollte dabei nach den Prinzipien der "Strong Cohesion" (dt. starke Kohäsion/starker Zusammenhalt) und des "Loose Coupling" (dt. lose Kopplung/schwache Wechselwirkung) erfolgen. Diese beiden Prinzipien gehören zusammen und ergänzen sich gegenseitig. Eine starke thematische Kohäsion innerhalb eines Moduls wird angestrebt, um das Modul thematisch zu fokussieren und damit besser verständlich zu machen. Die einzelnen Elemente eines Moduls sollten konzeptionell zusammenhängen und eine starke Beziehung zueinander haben. Dementsprechend wird eine schwache Wechselwirkung zwischen den einzelnen Modulen angestrebt. Module sollten auch unabhängig voneinander möglichst leicht zu verstehen sein. Das kann allerdings nur funktionieren, wenn zusammengehörige Elemente nicht in separaten Modulen gehalten werden. Die Kopplung zwischen den betroffenen Modulen würde zu stark werden und die Module wären wahrscheinlich nur als Gesamtheit – also nicht mehr unabhängig voneinander – verständlich. Es sollten klare Schnittstellen für die Module definiert werden.

Module haben eine schwache Wechselwirkung. Sie sollen unabhängig voneinander möglichst leicht zu verstehen sein.

Die Modularisierung, die im Modell vorgenommen wird, soll auch in der Implementierung umgesetzt werden. Der Code soll bei DDD zu jedem Zeitpunkt das Modell abbilden, das gilt ebenso für Module.

6.1.5.7 Assoziationen

Assoziationen repräsentieren Beziehungen zwischen Domänenobjekten.

Assoziationen sollten für das Domänenmodell möglichst einfach gehalten werden, da komplizierte Assoziationen schwierig zu implementieren und zu warten sind und eine Umsetzung häufig zu aufwendig wäre. Um Assoziationen zu vereinfachen, schlägt Eric Evans folgende Möglichkeiten vor [Eva03, S. 83]:

1. Eine Vorzugsrichtung für die Assoziation festlegen, d. h. bidirektionale Beziehungen und Beziehungen ohne Richtung zu unidirektionalen Beziehungen umwandeln.
2. Qualifikatoren einführen, um die Multiplizität zu verringern.
3. Unwichtige und nicht essentielle Assoziationen verwerfen.

Obwohl manche Beziehungen in der Realität kompliziert erscheinen, können diese häufig für das Modell bzw. die Implementierung vereinfacht werden. Assoziationen sollten wirklich nur dann modelliert werden, wenn diese unbedingt notwendig sind, d. h. in der Realität vorhandene Beziehungen können manchmal sogar komplett aus dem Modell eliminiert werden. Jede Assoziation im Modell bedeutet Mehraufwand und erhöht die Abhängigkeit von Objekten. Daher sollte mit Assoziationen sehr sparsam umgegangen werden.

Beispiel für einen Qualifikator

Das folgende Bild zeigt die Vereinfachung einer One-To-Many-Beziehung durch einen Qualifikator:

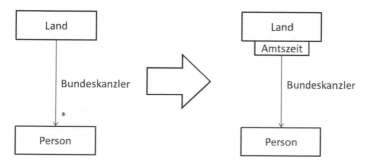

Bild 6-3 Vereinfachung einer One-To-Many-Beziehung zu einer One-To-One-Beziehung

Ein Land hat in seiner Geschichte mehrere Bundeskanzler, daher könnte eine One-To-Many-Beziehung modelliert werden. Diese Beziehung kann aber vereinfacht werden, indem ein Qualifikator, nämlich die Amtszeit, hinzugefügt wird. Dadurch hat ein Land zu jedem Zeitpunkt genau einen Bundeskanzler. Die One-To-Many-Beziehung wird zu einer One-To-One-Beziehung vereinfacht.

6.1.5.8 Services

Es gibt bei DDD Operationen, die nicht zu einer einzelnen Entität oder einem einzelnen Wert-Objekt gehören. Die Zuordnung einer solchen Operation zu einem Objekt, zu dessen Definition die Operation nicht passt, würde zum Verlust der Integrität dieses Objekts führen. Solche Operationen könnten die ursprüngliche Bedeutung eines Objekts verfälschen. Das entsprechende Objekt würde dadurch seine Klarheit verlieren und damit schwer verständlich werden. Ein Objekt könnte regelrecht von Operationen überschwemmt werden, die gar nicht zu ihm selbst gehören.

> **Services kapseln als** Kontrollobjekte Funktionalitäten, die logisch zu mehreren Objekten gehören, in einem separaten Objekt.

Sie verhalten sich für die Domäne wie Interfaces, die eine bestimmte Funktionalität für die Domäne anbieten [Avr07, S. 37].

Services stellen meistens einen **zentralen Verbindungspunkt zwischen mehreren Domänen-Objekten** dar. Services dienen dazu, Operationen, die mehrere Objekte gemeinsam betreffen, zu kapseln, damit sie nicht fälschlicherweise einem einzigen Domänen-Objekt oder mehreren Domänen-Objekten zugewiesen werden, zu welchen diese im eigentlichen Sinne überhaupt nicht gehören würden.

Services werden als Interfaces dargestellt, nicht wegen der Austauschbarkeit, Testbarkeit oder ähnlichem, sondern um ihren **Vertrag** herauszustellen. Interfaces kommunizieren die Absicht des Designs besser, als eine Klasse es jemals könnte. Die Services sollten Namen erhalten, die dann Teil der Ubiquitous Language werden. Auch die Verträge, die für die Services vorgegeben werden, werden Teil der Ubiquitous Language. Gehört der Service zum Domänenbereich, so sind Parameter und Rückgabewerte Objekte der Domäne.

Um Entitäten und Wert-Objekte nicht all ihrer Funktionalität zu berauben, sind Services mit Bedacht einzusetzen. Sonst kann es dazu führen, dass ein Service das Verhalten eines Objekts widerspiegelt und das eigentliche Objekt seine Selbstständigkeit verliert. Ein Service kapselt ein wichtiges verteiltes Konzept einer Domäne – und nicht einzelner Objekte – und wird somit ein Teil des Domänenmodells.

Nach Evans [Eva03, S. 105] hat ein Service die folgenden Charakteristiken:

- Die Operation bezieht sich auf ein Domänen-Konzept, das kein natürlicher Teil einer Entität oder eines Wert-Objektes ist.
- Das Interface eines Service definiert sich über andere Elemente des Domänenmodells.
- Die Operation eines Services ist **zustandslos**.

Zustandslos bedeutet hier, dass jeder Client jede Instanz eines Services verwenden kann, ohne dessen Vergangenheit während seines gesamten Lebenszyklus berücksichtigen zu müssen. Ein Service verwendet stets globale Variablen, die für jedes Objekt zugänglich sind. Ein Service kann globale Variablen manipulieren, was zu Nebeneffekten bei anderen Objekten führen kann. Das Verhalten eines Service wird dadurch aber nicht beeinflusst, da dieser keinen Zustand besitzt.

> Services können sich nicht nur auf die Domäne beschränken. In Schichtenarchitekturen ist es allgemein ganz natürlich, dass **Services in den einzelnen Schichten** existieren, die Funktionalität für die jeweils nächst höhere Schicht anbieten.

Daher gibt es Services bei DDD nicht nur im Domain Layer, sondern auch in anderen Schichten, d. h. sowohl im Application Layer als auch im Infrastructure Layer. Diese Services sind von den Services der Domäne zu unterscheiden und dienen der Kommunikation zwischen den Schichten und externen Ressourcen.

Evans [Eva03, S. 106-107] unterscheidet die folgenden Services:

- Infrastructure Services,
- Domain Services und
- Application Services.

Infrastructure Services sind rein technische Services. Ein Beispiel für einen Infrastructure Service wäre ein Dienst `IEmailSender` zur Kommunikation. **Domain Services** enthalten Geschäftslogik. Ein solcher Domain Service könnte beispielsweise ein Dienst `ProductFinder` sein. **Application Services** sind die Schnittstellen des Application Layer zum User Interface Layer. Die Systemumgebung kommuniziert nicht über die Entity-Objekte des Systems, sondern über diese Services, welche die Daten für die Darstellung richtig formatieren. Application Services sind nach außen als API sichtbar.

6.1.5.9 Repositories

> Repositories treten für die Domäne als zentrale Speicherorte für Domänenobjekte in Erscheinung. Sie abstrahieren die Suche nach bereits vorhandenen Domänenobjekten und den Zugriff auf persistente Daten.

Repositories funktionieren dabei als Schnittstelle zwischen der Datenhaltung und der Domäne. Die Domäne sieht nur das Interface eines Repositories, auf das ein Client zugreifen und die Referenzen auf gesuchte Objekte erhalten kann. Repositories sind Teil der Domäne, sind aber oft stark mit der Infrastruktur verwoben, da in einem Repository all die benötigten technischen Details zum direkten Zugriff auf persistente Daten in der Infrastructure Layer vorhanden sein müssen.

Ein Client, der nach bestimmten Objekten sucht, könnte die entsprechenden Daten auch direkt über eine Datenbank abfragen. Dieser Weg ist allerdings nicht zu empfehlen. Die Begründung lautet, wie folgt:

- Erstens würde der Client technische Details über die Datenhaltung und die Funktionsweise von Datenbankzugriffen benötigen. Der Client sollte sich aber nicht mit technischen Details aufhalten, sondern nur über die Domäne und ihre Konzepte Bescheid wissen.
- Zweitens könnten beliebige Daten abgefragt werden, z. B. auch Objekte, die sich im Domänenmodell innerhalb eines Aggregats befinden. Auf die Objekte innerhalb eines Aggregats sollte aber nur über das Repository und die Aggregatswurzel zugegriffen werden können, das ist eine Regel der Domäne. Über einen direkten Zugriff auf diese Objekte könnten die Regeln und Konzepte der Domäne einfach umgangen werden. Somit würde der Fokus auf die Domäne – das Kernprinzip bei DDD – verloren gehen und das Domänenmodell würde seine Bedeutung verlieren.
- Drittens würden jene Zugriffsanfragen, die mit technischen Details überhäuft wären, über die gesamte Domäne verstreut sein. Bei einer Änderung der Datenhaltung würde eine Anpassung dieser verstreuten Abfragen einen viel zu großen Aufwand bedeuten.

> **Wenn ein Client bestimmte Domänenobjekte benötigt, kann dieser die Objekte über ein Repository abfragen.**

Das Repository hat ein einfaches Interface, über das der Client seine Anfragen stellen kann. Das Interface ist global bekannt und stellt einige Methoden zur Verfügung, die der Suche nach Objekten, dem Abspeichern von Objekten und dem Löschen von bereits abgespeicherten Objekten dienen. Das Interface versteckt dabei, wie das Repository an die angefragten Objekte herankommt. Die Objekte können z. B. von einer Datenbank, einer Fabrik oder einem anderen Repository stammen. Das Interface versteckt außerdem sämtliche technische Details, die z. B. für den Zugriff auf eine Datenbank benötigt werden. Der Client soll sich ausschließlich mit der Domäne und ihren Konzepten beschäftigen. Er sollte keinerlei technisches Hintergrundwissen benötigen, um die Referenzen von benötigten Objekten erhalten zu können.

Das folgende Bild zeigt die Funktionsweise eines Repository:

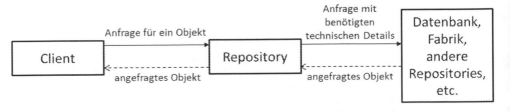

Bild 6-4 Funktionsweise Repository [DDD Quickly, S. 53]

Folgende Vorteile werden durch den Einsatz von Repositories gesehen [Evans, S. 152]:

- Repositories stellen Clients ein einfaches Interface für den Zugriff auf persistente Objekte und deren Lebenszyklusverwaltung zur Verfügung.
- Sie entkoppeln die Domäne von technischen Details der Persistenz, von verschiedenen Datenbankstrategien und von verschiedenen Datenquellen.
- Sie repräsentieren Designentscheidungen, die den Zugriff auf Objekte betreffen.
- Sie können auf eine einfache Weise eine Dummy-Implementierung, die für frühe Tests erstellt wird, ersetzen.

6.1.5.10 Fabriken

Fabriken kapseln die Objekterzeugung von komplexen Objekten.

Durch die Bindung der Objekterzeugung an ein Objekt selbst, z. B. durch einen Konstruktor, müsste ein Objekt Informationen über das zu erzeugende Objekt in sich tragen. Dadurch wären diese beiden Objekte stark gekoppelt und das Design wäre schwer zu verstehen. Es wäre aufwendig, die Implementierung der Erzeugungslogik durch eine alternative Implementierung auszutauschen. Daher wurden bei DDD die Fabriken eingeführt, um die Erzeugungslogik zu kapseln und um die Kopplung zwischen Objekten zu verringern.

Nach außen stellen Fabriken wohl definierte Schnittstellen zur Verfügung, auf die ein Client zur Anforderung der entsprechenden Objekte zugreifen kann. Diese Schnittstellen verstecken die komplexe Erzeugungslogik vor dem Client. Ein Client, der ein komplexes Objekt erzeugen möchte, hat i. d. R. keine Kenntnis über den inneren Aufbau des zu erzeugenden Objektes. Schließlich gehört dies nicht zu seiner Verantwortlichkeit. Wenn die Erzeugung eines Objektes dem Client überlassen werden würde, müsste jeder einzelne Client die Erzeugungslogik kennen. Wenn sich nun die Erzeugungslogik bzw. der Aufbau eines Objektes ändert, müsste die Erzeugungslogik in jedem einzelnen Client geändert werden. Das wäre ein aufwendiger Prozess. Der Client sollte nicht von den Klassen der zu erzeugenden Objekte abhängen. Das folgende Bild zeigt die grundlegende Interaktion mit einer Fabrik:

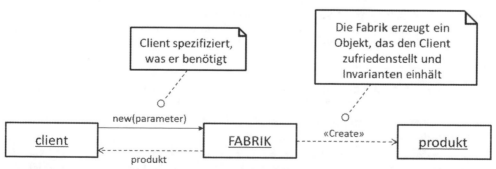

Bild 6-5 Grundlegende Interaktion mit einer Fabrik [Eva03, S. 138]

Fabriken haben keine Verantwortlichkeit in der Domäne bzw. im Modell, da die Objekterzeugung in der Domäne keine Bedeutung hat. Die Objekterzeugung ist letztendlich eine Notwendigkeit bei der Implementierung. Dennoch sind Fabriken Bestandteil des Domain Layer [Eva03, S. 138].

Fabriken sind insbesondere dafür geeignet, die Erzeugungslogik eines **Aggregats** zu kapseln.

Aggregate sind Cluster von Domänenobjekten, die als Einheit betrachtet werden. Daher sollten Aggregate auch als Einheit erzeugt werden. Wenn ein Aggregat erzeugt wird, müssen auch alle Bestandteile des Aggregats erzeugt werden. Die dafür notwendige Erzeugungslogik würde die Aggregatswurzel unnötig mit Erzeugungslogik überhäufen, die ursprüngliche Aufgabe des Aggregats würde verschwimmen. Durch eine Fabrik kann diese komplizierte Erzeugungslogik, die außerdem noch für die Einhaltung der Invarianten des Aggregats sorgen muss, ausgelagert und vom Aggregat selbst entkoppelt werden.

Der Erzeugungsprozess einer Fabrik muss **atomar** sein, d. h. entweder wird der Prozess komplett bis zum Ende ausgeführt oder er findet nicht statt.

Der Prozess könnte mittendrin unterbrochen werden, wodurch manche der beim Erzeugungsprozess zu erzeugenden Objekte erst teilweise geschaffen wären. Wenn der Erzeugungsprozess nun nicht atomar wäre, könnten die betroffenen Objekte in einem undefinierten bzw. inkonsistenten Zustand sein. Bei einem atomaren Prozess sollte eine Exception geworfen werden, um zu signalisieren, dass die Erzeugung eines konsistenten Objektes fehlgeschlagen ist. Damit wird die Konsistenz des Modells nicht verletzt. Außerdem können die Invarianten eines Aggregats nur dann erzwungen werden, wenn alle zum Aggregat gehörenden Objekte vollständig erzeugt werden.

Für den Entwurf einer Fabrik gibt es verschiedene Entwurfsmuster, darunter die Fabrikmethode und die Abstrakte Fabrik.

In manchen Programmiersprachen werden Konstruktoren oder äquivalente Mechanismen gegenüber Fabriken bevorzugt. Eric Evans beschreibt die folgenden Fälle, in denen ein Konstruktor doch die bessere Wahl gegenüber einer Fabrik ist [Eva03, S. 141-142]:

- Es handelt sich um eine einfache Klasse, d. h. sie ist in keiner hierarchischen Struktur verankert und implementiert kein Interface.
- Der Client hat Interesse an der Implementierung und möchte eventuell die Strategie der Erzeugung wählen.
- Die Erzeugung eines Objektes enthält keine Erzeugung weiterer Objekte. Alle benötigten Attribute sind dem Client bekannt und können dem Konstruktor übergeben werden.
- Wenn die Konstruktion der Objekte keine komplizierte Aufgabe darstellt.

Öffentliche Konstruktoren müssen – wie auch die einzelnen Methoden einer Fabrik – atomar sein, um alle Invarianten des zu erzeugenden Objekts erzwingen zu können.

Bei Fabriken wird zwischen **Entität-** und **Wert-Objekt-Fabriken** unterschieden.

Sie wurden benannt nach den Objekten, die sie erzeugen. Entitäten und Wert-Objekte haben unterschiedliche Eigenschaften und müssen daher auch unterschiedlich erzeugt werden. Wert-Objekte sind unveränderlich und müssen darum direkt bei ihrer Erzeugung in ihren finalen Zustand gebracht werden. Es sollten daher alle Attribute eines Wert-Objekts initialisiert werden. Bei der Erzeugung einer Entität werden tendenziell nur diejenigen Attribute initialisiert, die für die Erfüllung aller Invarianten des zu erzeugenden Objektes benötigt werden, schließlich sind Entitäten nicht unveränderlich und ihre Attribute damit jederzeit veränderbar. Außerdem benötigt eine Entität ab dem Zeitpunkt ihrer Entstehung eine Identität, Wert-Objekte hingegen besitzen keine Identität, sie werden nur durch ihre Kombination der Werte ihrer Attribute unterschieden. Eine Identität kann von einem Generator generiert werden oder vom Client vorgegeben und damit der Fabrik übergeben werden.

Fabriken können nicht nur der Erzeugung neuer Objekte dienen, sondern auch der **Wiederherstellung** von Objekten **aus der Persistenz**.

Dabei erzeugt die Fabrik neue Objekte, die dann mit den Werten aus der Persistenz befüllt werden. Fabriken können also am Anfang des Lebenszyklus eines Objekts stehen, wobei diese neu erzeugt werden, sie können aber auch in der Mitte des Lebenszyklus eines Objekts stehen, wobei diese aus der Persistenz wiederhergestellt werden. Grundlegend verschieden zwischen den beiden Möglichkeiten ist dabei, dass bei der Wiederherstellung von Objekten keine neuen Identitäten vergeben werden dürfen. Es muss die ursprüngliche Identität wiederhergestellt werden, die das Objekt bei seiner Erzeugung erhalten hat. Die Fabrik muss die Identität verifizieren. Außerdem muss eine Fabrik, die Objekte wiederherstellt, die Einhaltung von Invarianten anders behandeln. Solche Fabriken können die Erzeugung der Objekte bei Verletzung von Invarianten nicht einfach verhindern, so wie es Fabriken, die Objekte zum ersten Mal erzeugen, umsetzen würden. Das Objekt sollte wiederhergestellt werden, ansonsten kann es zu inkonsistenten Daten oder Datenverlust kommen. Die Fabrik muss zusätzlich eine Strategie für die Auflösung solcher Inkonsistenzen umsetzen [Eva03, S. 145] [Avr07, S. 50].

6.2 User Story Mapping

Die agile Entwicklung spaltet die Anforderungen an ein System, die zum Projektstart unvollständig vorliegen, aber im Laufe des Projekts ergänzt werden, in Anforderungen an kleine Teile des Systems auf. Alle Anforderungen dürfen laufend aktualisiert werden, bis auf die Anforderungen an das aktuell zu erzeugende Teil.

Die Anforderungen an das zu realisierende System liegen in Scrum als sogenannte Backlog Items im Product Backlog des Product Owner. Bei den agilen Ansätzen werden die Anforderungen oftmals durch User Stories[125] dargestellt. Die **Auf-spaltung der Anforderungen** erlaubt es, dass eine Komponente nach der anderen realisiert wird und dass die Entstehung des Systems gemeinsam von Entwicklern und Kunden beobachtet und gesteuert werden kann. Entwickler und Kunde bestimmen dabei gemeinsam, was als nächstes programmiert werden soll.

Jeff Patton hat mit seiner Technik "User Story Mapping" eine **Visualisierungsmethode** entwickelt, die es erlaubt, das "flache" Product Backlog strukturiert darzustellen. Damit kann man die Struktur eines Systems plastisch erfassen. Hierzu werden die **Karten der einzelnen User Stories**, die Story Cards, eines Backlogs **visuell geschickt** (etwa an einer Tafel) so **angeordnet**, dass diese Anordnung der Karten einen Überblick über die Funktionalitäten des zu realisierenden Systems gibt. Martin Fowler sagte hierzu im Jahre 2014 in [Pat14]:

"Story mapping is a technique that provides the big picture that a pile of stories so often misses."

Mit der Technik des User Story Mapping soll vermieden werden, dass in inkohärenter Weise eine Reihe von lauffähigen Code-Inkrementen programmiert wird, die zusammen eben nicht das gewünschte System ergeben.

> Mit User Story Mapping wird die Struktur eines Systems visualisiert, um in einem Projekt eine gemeinsame Systemvision zu haben.

6.2.1 Ziele des User Story Mapping

Das visuelle Bild eines Systems in Form geordneter Karten erlaubt:

- eine **bessere Kommunikation** mit dem Nutzer und im Entwicklungsteam,
- eine **bessere Übersicht** über die **Kundenbedürfnisse** und das **zu bauende System** als ein loser Stapel von User Stories und
- das **Vermeiden von Features**, die dem Kunden am Ende **nicht den gewünschten Nutzen** bringen.

Dabei ist **User Story Mapping** eine **Brücke**, um das **Design** eines Systems in die **Programmierung** zu bringen. Man kann eine User Story Map auch als eine Verbindung zwischen den **Nutzerexperten** – sie denken gerne in Nutzerfunktionalitäten, also etwas Grobem – und den **Implementierern** – sie denken in Programmcode, also etwas Feinem – sehen. Letztendlich ist es das Ziel, durch die Visualisierung der Story Map ein **gemeinsames Systemverständnis zwischen Kunden und Entwicklern** zu erzeugen.

Ein **gemeinsames Verständnis** ist nicht allein mit Hilfe der Anfertigung von Dokumenten zu erreichen, da Dokumente von ihren Lesern auf unterschiedliche Weise interpretiert werden können. Viel leichter erreicht man ein gemeinsames

---

[125] Bei Extreme Programming (XP) ist es Pflicht.

Verständnis durch Gespräche und Diskussionen, also durch **gemeinsame Interaktionen zwischen Scrum Team und Kunden** inklusive der Dokumentation der Ergebnisse dieser Interaktionen mithilfe von Bildern, Videos, Karteikarten oder Klebezetteln. Es geht nicht darum, gute Stories zu schreiben, vielmehr geht es darum, das zu tun, was eine Story in ihrem eigentlichen Sinn machen soll, nämlich eine Geschichte aus der Sicht eines bestimmten Users zu erzählen, um ein gemeinsames Verständnis zu erzeugen.

User Story Mapping strukturiert den Stapel von User Stories und damit die Elemente der Kommunikation zwischen Entwickler und Nutzer. Die User Story Map ergänzt das Product Backlog um eine Struktur. Das Product Backlog soll also nicht eine flache Struktur von Backlog Items, oft User Stories, sein. Es soll visuell in strukturierter Weise dargestellt werden,

- zum einen, damit durch **gemeinsame Diskussionen** mit dem Kunden und den Entwicklern ein **gemeinsames Wissen** im Projekt entsteht und
- dass dieses Wissen durch seine **Struktur** die **Gesamtsicht des Systems** darstellt.

User Story Mapping ist eine Technik, ein **gemeinsames Verständnis für ein System** zu erzeugen. Dazu muss die User Story Map für alle einsehbar sein (**"shared workspace"**). Änderungen erfolgen im Dialog.

Die Kartentechnik erlaubt es aber, dass die Vorstellung und Diskussion einzelner User Stories im Team nicht unterbrochen werden muss, falls die Zuhörer währenddessen ergänzende Ideen haben. Fallen den Zuhörern während eines Vortrags weitere Ideen ein, so notieren sie ihre Ideen in Stichworten auf Karten und diskutieren ihre Ideen erst nach dem gerade laufenden Vortrag mit dem Vortragenden und anderen Anwesenden.

6.2.2 Aufbau einer User Story Map

In Bild 6-6 sei beispielhaft der Aufbau einer User Story Map dargestellt:

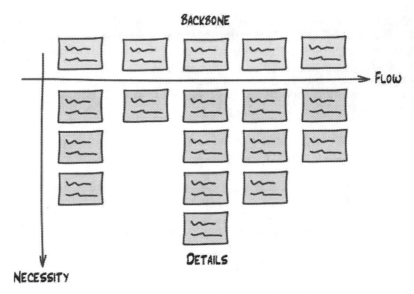

Bild 6-6 Prinzipieller Aufbau einer Story Map

Im Folgenden die Erklärung dieser Abbildung:

- In der oberen Reihe, dem sogenannten **Backbone** werden die **Nutzerfunktionalitäten** aufgereiht, die einen Wert für einen Kunden haben. Jede Karte beschreibt eine **Aktivität** (engl. **activity**) aus der Sicht eines bestimmten Benutzers, die mit Hilfe des Systems ausgeführt werden soll.

- Die Anordnung von links nach rechts entspricht dem Fluss (engl. Flow) der Story, welcher einen möglichen **Erzählfluss** einer Geschichte widerspiegelt. Ungeachtet der Reihenfolge der Aktivitäten ist es wichtig, dass durch den visualisierten Fluss der zusammengesetzten Geschichte eine Gesamtübersicht bezüglich des zu entwickelnden Systems geschaffen werden soll. Selbstverständlich können verschiedene Nutzerfunktionalitäten im System unabhängig voneinander aufgerufen werden. Wichtig ist, dass das Backbone einen groben **Überblick über das System** gibt, indem es eine Möglichkeit beschreibt, wie ein bestimmter Anwender das System verwenden würde.

- Die **Story-Cards** unterhalb des Backbones entsprechen **Tätigkeiten** (engl. **tasks**), die dem Nutzer dabei helfen sollen, ein Ziel zu erreichen. In Bezug auf die Story Map sollen die Tätigkeiten (tasks) dazu dienen, eine Aktivität des Backbone durchführen zu können. Sie entsprechen damit einer detaillierten Form der Aktivitäten aus dem Backbone.

Die Hauptfunktionen eines Systems und ihre Verfeinerungen werden visualisiert.

Damit bilden die User Story Maps die Funktionalität des aktuell bekannten, zu entwickelnden Systems ab. Ungeachtet der Reihenfolge der Aktivitäten ist es wichtig, dass durch den visualisierten Fluss der zusammengesetzten Geschichte eine Gesamtübersicht über das zu entwickelnde System geschaffen werden soll.

6.2.3 Aktivitäten oder Nutzerfunktionalitäten

Eine jede zu durchlaufende Aktivität kann nun in einzelne Schritte zerlegt werden, die innerhalb dieser Aktivität ablaufen. Diese Schritte werden von links nach rechts aufgemalt, während die Details jedes Schritts vertikal nach unten verfeinert werden. Bild 6-8 zeigt hierfür ein Beispiel.

Die entscheidenden Faktoren, die ein Produkt formen und den Kontext bilden, hängen oft über der Map wie **Produktziele**, **Informationen über Nutze**r oder **weitere Ideen**.

Jede Tätigkeit kann feiner granuliert werden, indem die Verfeinerung in detaillierterer Form unterhalb der groben Tätigkeit angeordnet wird. Hierbei steht die vertikale Anordnung der Tätigkeiten aber auch für eine Priorisierung, wobei höher angeordnete Tätigkeiten eine höhere Priorität haben als niedriger angeordnete Tätigkeiten.

6.2.4 Ein konkretes Beispiel

Im folgenden Kapitel soll beispielhaft eine Story Map für ein einfaches E-Mail-Verwaltungssystem entworfen werden. Im ersten Schritt werden alle Ideen gesammelt und mit allen Projektbeteiligten diskutiert. Das Ergebnis ist eine Sammlung von Aktivitäten und Tätigkeiten, die durch das Programm unterstützt werden sollen. Die folgende Abbildung zeigt, wie ein Ergebnis dieses Brainstormings aussehen könnte[126]:

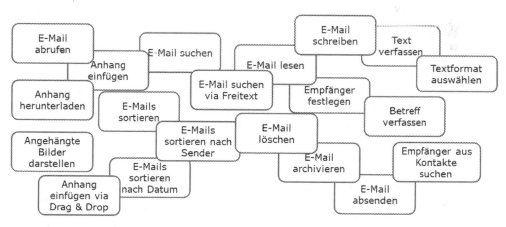

Bild 6-7 Ergebnis des Brainstorming für ein einfaches E-Mail-System

Jede Karte entspricht einer User Story. Jede dieser Stories kann nun in das Product Backlog übernommen werden. Um das Product Backlog in eine übersichtliche Struktur zu bringen, wird die Gesamtheit der User Stories in die Form einer User Story Map gebracht. Die User Stories werden zu **Hauptfunktionalitäten** zusammengefasst, die das sogenannte **Backbone** darstellen. Es sind (allgemeine) Aktivitäten,

---

[126] Dieses Beispiel soll der Übersicht halber nur einen Ausschnitt der möglichen Aktivitäten zeigen. Üblicherweise müssen weitaus mehr Aktivitäten gefunden werden, um ein Gesamtsystem zu beschreiben.

die ein Benutzer des Systems durchführen will. Die Reihenfolge von links nach rechts beschreibt den Erzählfluss. Die darunter liegenden User Storys sind detailliertere Aktivitäten, die notwendig sind, um die Hauptfunktionalitäten erledigen zu können. Die Anordnung von oben nach unten beschreibt die **Priorität** und den **Detaillierungsgrad** einer Aktivität. Bild 6-8 zeigt eine Möglichkeit der Anordnung der User Stories aus obiger Abbildung zu einer User Story Map:

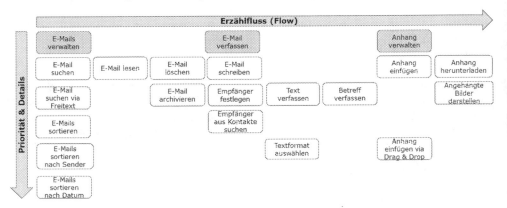

Bild 6-8 Story Map eines einfachen E-Mail-Systems[127]

Der Erzählfluss des Backbones könnte wie folgt aus der Story Map interpretiert werden: "Ein Benutzer eines E-Mail-Programms möchte seine E-Mails mithilfe des Systems verwalten können. Anschließend möchte er eine E-Mail verfassen und diese mit einem Anhang versehen." Als Verfeinerung der Aktivität "E-Mails verwalten" soll der Benutzer zum Beispiel eine E-Mail suchen können. Eine detailliertere – und darum darunter angeordnete – Aktivität wäre, eine E-Mail via Freitext suchen zu können.

Ein möglicher Flow – also von links nach rechts angeordnet – wird hier so beschrieben, dass ein Benutzer des E-Mail-Programms zum Verwalten seiner E-Mails eine E-Mail erst suchen, dann lesen und anschließend löschen kann. Hierbei sei bemerkt, dass auch diese Tätigkeiten zur Realisierung feiner granuliert werden sollten, aber zur besseren Übersicht in diesem Beispiel darauf verzichtet wurde.

Ist eine Story Map erstellt, gibt es nun verschiedene Techniken, wie die Aktivitäten unterhalb des Backbones strukturiert werden können. Kapitel 6.2.7 soll einige dieser Techniken erläutern. Zuvor soll aber noch auf die Begriffe **Minimum Viable Product**, **Minimal Marketable Release** sowie den Unterschied zwischen **Output** und **Outcome** eingegangen werden, da diese Begriffe essenziell bei der Anwendung dieser Techniken sind.

---

[127] Aus Gründen der Lesbarkeit konnten die Funktionen "E-Mail absenden" und "E-Mail abrufen" nicht dargestellt werden.

6.2.5 Minimum Viable Product und Minimal Marketable Release

Der Begriff Minimum Viable Product[128] hat seinen Ursprung in den Lean Startup-Prinzipien[129]. Er wurde im Jahr 2001 von Frank Robinson[130] geprägt und wurde populär durch Steve Blank [Bla12] und Eric Ries [Rie11].

Im Prinzip dreht sich der Ansatz des Lean Startup darum, mit geringem Startkapital möglichst effizient möglichst viel Geld zu verdienen und ein **unnötiges Risiko zu vermeiden**. Es geht darum, eine **Produktidee** experimentell möglichst schnell zu testen, um direkt aus dem Kundenfeedback lernen zu können. Dies kann man teilweise auch bewerkstelligen, ohne dass überhaupt irgendwelcher Code geschrieben wird.

Ein Minimum Viable Product ist die Visualisierung einer Produktidee.

Die Idee des **Minimum Viable Product** bedeutet, dass es absolut vermieden werden soll, dass ein Produkt aufwendig realisiert wird, dann aber keinen Markt findet. Es soll hingegen Zeit, Arbeit und Geld gespart werden. Durch den **iterativen Prozess** des Validierens und des Lernens (engl. **"validate and learn"**) wird zu einem möglichst frühen Zeitpunkt das richtige Produkt Stück für Stück gefunden.

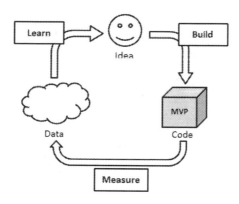

Bild 6-9 Iterative Entwicklung des MVP nach Lean Startup-Prinzipien

Das MVP eignet sich besonders gut, um **Risiken abschätzen und minimieren** zu können. Zum Austesten einer **Produktidee** reicht ein einfacher Mock-up, der sogenannten "early adopters", also bestimmten Kunden, die als Trendsetter dienen, repräsentiert wird.

---

[128] Kurz MVP
[129] Das Lean Management (dt. "schlankes Management") ist ein Managementprinzip und definiert Denkprinzipien, Methoden und Herangehensweisen, um Prozesse zur Herstellung industrieller Güter entlang der gesamten Wertschöpfungskette effizient zu optimieren. Mit Lean Startup-Prinzipien wird die Anwendung von Lean Management-Ansätzen in Bezug auf Startup-Unternehmen beschrieben.
[130] CEO der Firma SyncDev, http://www.syncdev.com/

Für einen möglichst frühen **Markteintritt** reicht ein kleiner **Prototyp**, mit dem evaluiert werden kann, ob das Produkt am Markt ankommt. Der Begriff für einen ersten Stand, den man wirklich vermarkten und nicht nur mit einer kleinen Anzahl erster Kunden testen will, ist das **Minimal Marketable Release** (**MMR**).[131] Das MMR ist damit in der Regel kein MVP – also kein Experiment – mehr, sondern deutlich größer – ein marktfähiges Release.

> Ein Minimal Marketable Release ist ein minimaler, marktfähiger Stand eines Produkts.

Für das MMR gilt der Ansatz "**Weniger ist mehr**". Ein Produkt soll eine **minimale Anzahl an Features** unterstützen, sodass das Produkt **erfolgreich die Erwartungen seiner Anwender** erfüllt. Jedes nicht unbedingt notwendige Feature wird im Konzept für das zu entwickelnde Produkt weggelassen.

Das MVP kann dafür genutzt werden, um das MMR zu bestimmen. Auch hier spielt der Prozess des Validierens und des Lernens eine fundamentale Rolle:

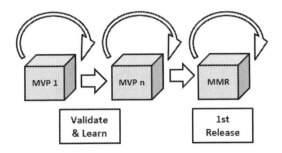

Bild 6-10 Nutzen des MVP zur Identifikation des MMR

Eine User Story Map kann dazu dienen, sowohl frühe Experimente, also MVPs, als auch MMRs zu identifizieren. Wichtig dabei ist der ständige Hintergedanke mit einem möglichst minimalen Einsatz an Risiko genau das zu entwickeln, was der Kunde erwartet.

6.2.6 Unterschied zwischen "Output" und "Outcome"

Um bei der Softwareentwicklung das Minium Viable Product beziehungsweise das Minimum Marketable Release zu finden, ist nach Jeff Patton in seinem Buch [Pat14] zwischen den Begriffen **Output** und **Outcome** zu unterscheiden:

- Als **Output** wird alles beschrieben, was während einer Softwareentwicklung erstellt wird. Darunter fallen Spezifikationen, Anforderungen, Code und das Produkt selbst.

---

[131] Häufig wird fälschlicherweise das MVP als MMR gesehen.

- Mit **Outcome** wird das erfasst, was ein entwickeltes Produkt bei seinen Anwendern bewirkt. Es beschreibt den effektiven **Nutzen** und wie es den Anwender in seiner ausübenden Tätigkeit beeinflusst.

Es ist wichtig, dass das Minimum Viable Product beziehungsweise das Minimum Marketable Release einen möglichst hochwertigen **Nutzen** (**Outcome**) bewirkt, sodass das Produkt von seinen Anwendern positiv angenommen und benutzt wird. Ein **langfristiger Nutzen**, den die Verwendung der entwickelten Software mit sich bringt, wird von Patton als **Impact** bezeichnet, der sich beispielsweise auf den Umsatz einer Firma, in der die entwickelte Software verwendet wird, auswirkt. Dies wiederum bewirkt für den Softwareentwickler beziehungsweise die Entwicklungsfirma der Software eine Erhöhung der Verkaufszahlen. Das **Outcome** und der Impact sollen folglich möglichst vergrößert werden, während das Output, d. h. die Zahl der Erzeugnisse der Software-Entwickler, schlank gehalten werden soll, da im Vordergrund die effektive Lösung von Problemen (also der Nutzen) stehen soll und nicht die Tatsache der Entwicklung eines Softwareprodukts.

Die folgende Abbildung soll den Unterschied zwischen den Begriffen Output und Outcome verdeutlichen:

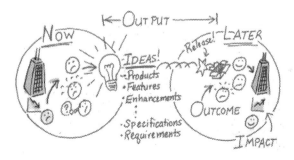

Bild 6-11 Unterscheidung der Begriffe Output und Outcome[132]

6.2.7 Techniken

In den folgenden Kapiteln 6.2.7.1 bis 6.2.7.3 werden Techniken bei der Verwendung von Story Cards in einer Story Map beschrieben.

6.2.7.1 Einsatz von Prioritäten

Die **Typen der Nutzer des Systems** und **wie sie das System nutzen würden**, muss in eine **Proritätsreihenfolge** gebracht werden. In der Regel werden zu viele Aktivitäten und Tätigkeiten gefunden, um sie in einem Release unterzubringen. Ein möglicher Ansatz ist, die Nutzer des Systems zu priorisieren und zuerst anhand des wichtigsten Nutzers eine Story Map zu erstellen. Findet sich anschließend noch Platz für Aktivitäten oder Tätigkeiten von Nutzertypen mit niedrigerer Priorität, können diese in die Story Map eingepflegt werden.

---

[132] Quelle: [Pat14]

6.2.7.2 Planung von Releases

Eine erste Möglichkeit zur Verfeinerung der Story Map entsteht aus der Tatsache, dass in der Regel erst einmal zu viele Aktivitäten und Tätigkeiten dokumentiert werden, als dass all diese bis zum nächsten Release implementiert werden können. Das Ziel muss es sein, das Minimum Marketable Release (siehe Kapitel 6.2.5) für ein Release zu finden. Um das MMR, also das kleinstmögliche (lauffähige) Produkt, das erfolgreich die gewollte, minimal sinnvolle Leistung eines Systems erbringt, aus der Story Map zu filtern, wird diese in horizontale Ebenen durch Linien, die ein Release vom anderen abgrenzen, aufgeteilt.

Bild 6-12 soll die Aufteilung einer Story Map nach Releases darstellen:

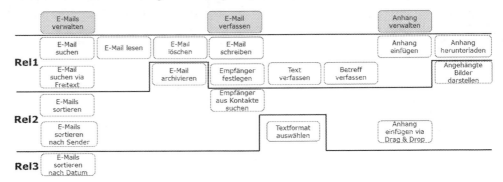

Bild 6-12 Visualisierung einer Release Roadmap mithilfe einer Story Map

Jede Ebene sollte einem MMR für ein Release entsprechen.

Die erste Ebene liegt analog zur entsprechenden Priorität der Story Map ganz oben am Backbone. Dabei muss geplant werden, welche Aktivitäten und Tätigkeiten minimal notwendig sind, um dem erwartetem Nutzen des Systems zu genügen.

Von dem ersten Release übrig gebliebene User Stories werden auf die Releases darunter übertragen und wiederum gefiltert, bis alle Tätigkeiten realistisch für jeweils ein einziges Release aufgeteilt sind. Die oberste Ebene der übrig gebliebenen User Stories entspricht im Optimalfall dem MMR, das für das anstehende Release entwickelt werden soll.

Releases können in diesem Fall sowohl für interne, als auch externe Releases stehen. Für interne Releases kann man auch von der Entwicklungsstrategie für den Bau eines Release mithilfe einer Story Map sprechen, wie im nachfolgenden Kapitel erläutert werden soll.

6.2.7.3 Entwicklungsstrategie für den Bau eines Release

Nachdem die umzusetzenden User Stories nun dem MMR für jeweils ein Release entsprechen, kann davon ausgegangen werden, dass mit Sicherheit auch nur genau das realisiert wird, was den Kunden am Ende zufrieden stellt.

Von diesem Zeitpunkt an kann die Story Map in eine Sprint-Planungstafel (engl. Sprint Planning Board) umgewandelt werden[133]. Als erstes muss eine erwünschte Wirkung ("**desired outcome**", vgl. Kapitel 6.2.6) für das im Sprint zu erstellende Inkrement definiert werden. Im nächsten Schritt gilt es, diejenigen minimal notwendigen aus den bestehenden Tätigkeiten zu entnehmen, die dazu beitragen, das gewünschte Ziel zu erreichen. Diese werden an oberster Stelle, also mit höchster Priorität, am Story Board angebracht. Auch hier kann und soll bewusst vom MMR in Bezug auf ein Inkrement gesprochen werden. Die höher priorisierten Tätigkeiten sollten genau den minimal umzusetzenden Tätigkeiten entsprechen, die benötigt werden, um die gewünschte Wirkung eines Inkrements zu erfüllen. Mithilfe dieser Technik entsteht mit jeder Iteration, also jedem Sprint, ein immer genaueres, lauffähiges Abbild des Endprodukts.

Bild 6-13 zeigt die Aufteilung einer Story Map in Sprints nach einer gewählten Entwicklungsstrategie für ein erstes Release aus dem Beispiel des E-Mail-Systems:

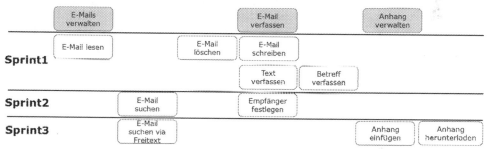

Bild 6-13 Story Map mit priorisierten Tätigkeiten für ein Release

6.2.8 Bewertung

Jeff Patton hat mit seiner Technik des User Story Mappings eine Herangehensweise entwickelt, um das Ziel eines **übergreifenden gemeinsamen Verständnisses für ein Produkt mit Hilfe von Visualisierung und Kommunikation** zu erreichen. Die Anordnung von User Stories zu einer User Story Map kann sowohl dabei helfen, Releases zu planen, als auch die innerhalb von Sprints zu implementierenden User Stories zu koordinieren. Im Mittelpunkt steht hierbei zudem jeweils der Gedanke an das **Minimum Viable Product** bzw. das **Minimal Marketable Release**, das sowohl die Entwickler selbst vor Selbstüberschätzung und daraus resultierender Überlastung schützen soll, als auch sicherstellt, dass ein Release am Ende genau das macht, wofür es ursprünglich geplant war und damit seinen erhofften Nutzen bringt. In Bezug auf Scrum lassen sich Iterationen, in denen die Story Map verfeinert, ausgebessert und so für den nächsten Sprint vorbereitet wird, im so genannten **Product Backlog Refinement**[134] – auch Backlog Grooming genannt – durchführen.

---

[133] Natürlich kann auch eine separate Sprint-Planungstafel erstellt werden, nur sollten die Tätigkeiten nicht physisch vom "Big Picture", also der Story Map entfernt werden, um die Gesamtübersicht zu wahren.

[134] Product Backlog Refinement wurde in der ursprünglichen Version des offiziellen Scrum Guides von Jeff Sutherland und Ken Schwaber nicht explizit erwähnt, wurde aber in der aktuellen Version [scrgui] hinzugefügt. Es dient dem Product Owner und dem Entwicklungsteam dazu, das Product Backlog am Ende eines Sprints zu verfeinern und zu überarbeiten, um auf den nächsten Sprint vorbereitet zu sein.

Patton stellt in seinem Buch für spezielle Projekte individualisierte Beispiele zur Anwendung von User Story Maps vor. Die Anwendung von User Story Maps kann und soll für unterschiedliche Projekte unterschiedlich individualisiert werden. Reines Nachahmen führt in den wenigsten Fällen zum Erfolg. Man soll nicht "kupfern"! Darüber hinaus ist mit dem alleinigen Aufbau einer Story Map der Erfolg eines Projekts noch nicht gegeben. Der gesamte Entwicklungsprozess – also beispielsweise die Anwendung eines agilen Vorgehensmodells – muss in seiner Art auch gelebt werden: Ohne eine ständige Kommunikation zwischen allen Projektbeteiligten, um ein gemeinsames Verständnis zu erreichen, ist das Konzept agiler Entwicklungsmethoden schlichtweg verfehlt. Die Anwendung der von Jeff Patton vorgestellten Methoden zum Erstellen einer Story Map schaffen den Übergang von einem flachen, unübersichtlichen Product Backlog zu einem strukturierten Fundament eines zu entwickelnden Produkts, das allen Projektbeteiligten ein gemeinsames Verständnis bezüglich der Fragen "was, wofür und für wen" ermöglicht.

Begriffsverzeichnis

90%-Syndrom
: Als **90%-Syndrom** wird der Glaube bezeichnet, in einer relativ frühen Phase des Projekts bereits 90% des Projektergebnisses zu haben.

Acceptance Test Driven Development
: **Acceptance Test Driven Development** ist eine Technik der agilen Softwareentwicklung, bei der die Entwicklung durch automatisierte Tests für die fachlichen Anforderungen, die vor der Implementierung als Beispiele formuliert werden, vorangetrieben wird.

Adaptivität
: **Adaptivität** beschreibt die Eigenschaft der Anpassungsfähigkeit eines Systems.

Aggregat
: Ein **Aggregat** im Sinne von Domain-Driven Design ist eine Gruppe von Objekten der betrachteten Domäne, die als Einheit zur Datenbank dient und durch ein spezielles Objekt, die sogenannte Aggregatwurzel, verwaltet wird. Die Aggregatwurzel sorgt für die Konsistenz der Objekte des Aggregats.

Agile Entwicklung
: Bei einer **agilen Entwicklung** werden jeweils nur Bruchstücke des zu liefernden Systems als potentiell lauffähige Produkte geliefert. In ihrer Gesamtheit sollen die vielen Bausteine am Ende des Projekts das gewünschte System ergeben.

Application Performance Management
: **Application Performance Management** beinhaltet das Monitoring und Management der Performance von Softwareanwendungen.

Arbeitszeit
: Bei Kanban beschreibt die **Arbeitszeit** die Zeit, die in dem betrachteten Prozessabschnitt tatsächlich an einem Arbeitspaket gearbeitet wurde.

Baseline Management-Modell
: Ein **Baseline Management-Modell** ist ein sequenzielles Wasserfallmodell ohne Rückführschleifen.

Bearbeitungsdauer
: Die **Bearbeitungsdauer** beschreibt bei Kanban die Zeit, die ein Arbeitspaket in dem betrachteten Prozessabschnitt verweilt.

Bounded Context
: Die verschiedenen Kontexte der obersten Organisationsebene eines Systems werden als **"Bounded Contexts"** (dt. "abgegrenzte Kontexte") bezeichnet. Bounded Context ist ein zentrales Muster von DDD für die Bewältigung großer Systeme.

Burndown Chart
: Ein **Burndown Chart** dient zur Visualisierung bereits geleisteter und noch verbleibender Arbeit.

Capability Maturity Model Integration	**Capability Maturity Model Integration** ist eine Familie von Referenzmodellen für die Produktentwicklung, den Produkteinkauf und die Serviceerbringung.
Constraints Story	Eine **Constraints Story** ist eine User Story, die Einschränkungen beschreibt.
Context Map	Eine **Context Map** dient zur Übersicht über alle Modelle der verschiedenen Bounded Contexts, insbesondere über deren Grenzen und Schnittstellen.
Daily Scrum	**Daily Scrum** ist eine tägliche Besprechung zum Informationsaustausch innerhalb des Entwicklungsteams.
Definition of Done	Die **Definition of Done** besteht aus den zwischen Product Owner und Team ausgehandelten, zusätzlich zur reinen Umsetzung geltenden Qualitätsanforderungen an ein Product Backlog Item, die beschreiben, wann es als fertig angesehen werden kann.
Divergent	**Divergenz** ist die Eigenschaft des Auseinanderstrebens.
Domain-Driven Design	**Domain-Driven Design** ist eine Herangehensweise bzw. Denkweise für die Entwicklung komplexer Software. DDD orientiert sich zwar an den agilen Methoden, betont aber dennoch das Domänenmodell. Ein Domänenmodell abstrahiert die Geschäftslogik einer Domäne, das heißt den betrachteten Problembereich, der durch die zu entwickelnde Software unterstützt werden soll.
Domain Event	Ein **Domain Event** ist ein Domänenobjekt, das ein fachliches Ereignis in einer Domäne repräsentiert. Ein solches Ereignis stellt immer eine erfolgte Zustandsänderung eines Domänenobjektes dar. Es beschreibt also stets eine Zustandsänderung in der Vergangenheit. Versandt wird ein Domain Event in asynchroner Weise.
Dualität	**Dualität** bedeutet Zweiheit der Eigenschaften.
Durchfluss-Effizienz	**Durchfluss-Effizienz** stellt bei Kanban den Quotienten aus Arbeitszeit und Bearbeitungsdauer dar.
Empirisch	**Empirisch** beruht auf der systematischen Gewinnung von Erfahrung.
Extreme Programming	**Extreme Programming** ist ein agiler Ansatz von Kent Beck.
Extrinsisch	**Extrinsisch** ist von außen verursacht.

Feature Driven Development	**Feature Driven Development** ist die Sammlung von Arbeitstechniken, Strukturen, Rollen und Methoden für das Projektmanagement im Rahmen agiler Softwareentwicklung.
Impediment Backlog	**Der Impediment Backlog** ist eine Liste der Hindernisse, die ein Team blockieren.
Intrinsisch	**Intrinsisch** ist aus dem Inneren kommend.
Intrinsische Motivation	**Intrinsische Motivation** ist der Antrieb von innen heraus, etwas zu tun, unabhängig von äußeren Einflüssen.
Jour fixe	**Jour fixe** ist ein in einer kleinen Gruppe von Personen fest vereinbarter, regelmäßig wiederkehrender Termin.
Kanban	Siehe **Kanban**-Methode.
Kanban-Board	In einem **Kanban-Board** werden die einzelnen Prozessabschnitte als Spalten dargestellt und die Arbeitspaket in diesen entsprechend angebracht, um den Fluss der Arbeitspakete zu visualisieren.
Kanban-Karte	Eine **Kanban-Karte** ist eine Karte, welche in der Produktion an ein Arbeitspaket angebracht werden kann. Durch die begrenzte Anzahl existierender Kanban-Karten wird die Anzahl an Arbeitspaketen im System beschränkt. In der Softwareentwicklung spricht man von virtuellen Kanban-Karten, da diese nicht an ein physisches Werkstück angebracht werden können, sondern ein Arbeitspaket repräsentieren, zum Beispiel auf einem Kanban-Board.
Kanban-Methode	Die **Kanban-Methode** ist eine Change-Management-Methode, welche ein Kanban-System als Katalysator benutzt, um positive Veränderungen zu bewirken.
Kanban-System	Ein **Kanban-System** ist ein Pull-System, welches aus dem Lean Manufacturing stammt und Kanban-Karten verwendet.
Kausalität	**Kausalität** ist die direkte Beziehung zwischen Ursache und Wirkung mit strenger zeitlicher Abfolge.
Kollaboration	**Kollaboration** bedeutet Zusammenarbeit.
Komplexität	Der Grad der **Komplexität** sagt aus ob das Verhalten eines Systems vorhersagbar ist oder nicht.
Konvergenz	**Konvergenz** ist die Eigenschaft des Annäherns.
Korrelation	Eine **Korrelation** ist ein statistisch nachweisbarer Zusammenhang zwischen Ursache und Wirkung.

Kumulatives Fluss-Diagramm	In einem **Kumulativen Fluss-Diagramm** werden die durchschnittlichen Verweildauern der Arbeitspakete in den Prozessabschnitten kumulativ eingezeichnet. Dadurch lassen sich unter bestimmten Voraussetzungen die durchschnittliche Durchflusszeit sowie die Anzahl an parallel bearbeiteten Arbeitspaketen ablesen.
Lieferzeit	Die **Lieferzeit** stellt bei Kanban die Zeit dar, die zwischen der Aufnahme eines Arbeitspaketes in das System bis zu der Auslieferung dessen Ergebnisses an den Kunden vergeht.
Logische Betrachtungs-Einheit	Eine **logische Betrachtungseinheit** ist rein funktional und kann sich über mehrere physikalische Betrachtungseinheiten und Verbindungen erstrecken.
Minimal Marketable Release	Für einen möglichst frühen Markteintritt reicht ein kleiner Prototyp, mit dem evaluiert werden kann, ob das Produkt am Markt ankommt. Der Begriff für einen ersten Stand, den man wirklich vermarkten und nicht nur mit einer kleinen Anzahl erster Kunden testen will, ist das **Minimal Marketable Release** (MMR).
Minimum Viable Product	Die Idee des **Minimum Viable Product** bedeutet, dass es absolut vermieden werden soll, dass ein Produkt aufwendig realisiert wird, dann aber keinen Markt findet. Es soll hingegen Zeit, Arbeit und Geld gespart werden. Durch den iterativen Prozess des Validierens und des Lernens (engl. "validate and learn") wird zu einem möglichst frühen Zeitpunkt das richtige Produkt Stück für Stück gefunden.
Operations Review	Das **Operations Review** ist bei Kanban ein Meeting, welches dazu dient, Informationen über einzelne Teams hinaus auszutauschen. Das Operations Review ist keine Kern-Praktik von Kanban, hat sich aber bei erfolgreichen Implementierungen als hilfreich herausgestellt.
Outcome	Der **Outcome** ist der Nutzen eines Systems für einen Kunden.
Output	Der **Output** ist die Summe der Erzeugnisse für ein System.
Pair Programming	Bei **Pair Programming** erfolgt die Programmierung stets in Zweier-Teams.
Performance	Die **Performance** beschreibt das Zeitverhalten eines Programms.
Physikalische Betrachtungseinheit	**Physikalische Betrachtungseinheiten** sind Bausteine beim Entwurf eines Systems, die physisch greifbar sind.

Product Backlog	Das **Product Backlog** ist eine priorisierte und aufwandge-schätzte Liste von Anforderungen an das zu implementierende Produkt.
Product Backlog Item	Ein **Product Backlog Item** ist ein Eintrag des Product Backlog.
Product Increment	Ein **Product Increment** ist das Ergebnis eines Sprints.
Product Vision	Die **Product Vision** ist eine Beschreibung des Grunds für die Durchführung und angestrebten Ergebnis eines Projekts.
Prototyporientierte Entwicklung	Bei einer **prototyporientierten Entwicklung** verliert die Planung ihren Stellenwert und das Produkt – nicht seine Beschreibung – tritt in den Vordergrund.
Pull-System	Bei einem **Pull-System** holt sich ein Prozessabschnitt Arbeits-pakete bei dem vorangehenden Prozessabschnitt ab, wenn Kapazität zur Verfügung steht. Holt der nachfolgende Prozess-abschnitt zu lange keine Arbeitspakete ab, erreicht der betrachtete Abschnitt die festgelegte maximale Anzahl an Arbeitspaketen und darf keine weiteren Arbeitspakete abholen. Dadurch entsteht eine gewisse Selbstregulierung.
Push-System	Bei einem **Push-System** erhalten Prozessabschnitte von ihrem vorangehenden Prozessabschnitt Arbeitspakete, sobald diese fertiggestellt wurden. Dadurch kann es zu Überlastungen in einzelnen Prozessabschnitten kommen. Die vorangehenden Prozessabschnitte erfahren dies jedoch nicht und produzieren weiter Arbeitspakete. Es liegt also keine Selbstregulierung vor, weswegen eine zentrale Prozesssteuerung benötigt wird.
Refactoring	**Refactoring** ist die Umstrukturierung eines Systems zur Gewin-nung einer besseren Architektur.
Reflexion	**Reflexion** ist eine Überprüfung, beispielsweise im Rahmen einer Rückschau.
Release Planning	**Release Planning** ist eine Besprechung. in der das Scrum Team entscheidet, welche Funktionalitäten in einem Release realisiert werden.
Repositories	Ein **Repository** ist eine Schnittstelle zwischen der Datenhaltung und der Domäne, welche die Datenhaltung abstrahiert.
Scrum	**Scrum** ist ein Management-Rahmenwerk zur Entwicklung komplexer Produkte.
Scrum Guide	Der **Scrum Guide** ist der Leitfaden für Scrum von Ken Schwaber und Jeff Sutherland.

Scrum Team	Das **Scrum Team** besteht aus Entwicklungsteam, Scrum Master und Product Owner.
Scrummerfall	**Scrummerfall** ist ein Begriff von Brad Wilson, der das Mischen von Scrum mit Phasen des Wasserfallmodells beschreibt.
Service Level Agreement	**Service Level Agreements** teilen Arbeitspakete entsprechend bestimmter Attribute in Kategorien ein. Für diese Kategorien werden unterschiedliche Zusagen bezüglich der Lieferzeit gemacht. Eine solche Vereinbarung könnte zum Beispiel so lauten: "In 95% der Fälle stellen wir Arbeitspakete der Kategorie 'Standard' innerhalb von 10 Werktagen fertig."
Services	**Services** kapseln als Kontrollobjekte Funktionalitäten, die logisch zu mehreren Objekten gehören, in einem separaten Objekt. Sie verhalten sich für die Domäne wie Interfaces, die eine bestimmte Funktionalität für eine Domäne anbieten.
	Services können sich nicht nur auf die Domäne beschränken. In Schichtenarchitekturen ist es allgemein ganz natürlich, dass Services in den einzelnen Schichten existieren, die Funktionalität für die jeweils nächst höhere Schicht anbieten.
Spezifikations-orientierte Entwicklung	Eine **spezifikationsorientierte Entwicklung** ist voll durchgeplant.
Sprint	Ein **Sprint** ist der Entwicklungszyklus, der bei Scrum iterativ durchlaufen wird.
Sprint 0	Der **Sprint 0** beschreibt alle Tätigkeiten, die durchgeführt werden müssen, um mit der eigentlichen Produktentwicklung zu beginnen.
Sprint Backlog	Der **Sprint Backlog** ist eine Liste der Product Backlog Items, die im aktuellen Sprint umgesetzt werden.
Sprint Planning	Das **Sprint Planning** ist eine Besprechung am Anfang jedes Sprints zur inhaltlichen Planung des Sprints.
Sprint Retrospektive	Die **Sprint Retrospektive** ist eine Besprechung am Ende jedes Sprints zur Prüfung und Anpassung des Entwicklungsprozess.
Sprint Review	Das **Sprint Review** ist eine Besprechung am Ende jedes Sprints zur Prüfung und Anpassung des erstellten Product Increment.
Stakeholder	Ein **Stakeholder** ist eine Person oder Gruppe, die ein berechtigtes Interesse am Verlauf oder Ergebnis eines Prozesses oder Projektes hat.

| Strategisches Design | **Strategisches Design** ist ein Satz von Prinzipien, die laut Eric Evans sowohl in der Konzeption, als auch in der Implementierung umgesetzt werden müssen, um |

- die wechselseitige Abhängigkeit von Systemteilen zu verringern,
- das Gesamtsystem in mehrere kleinere Modelle aufzuspalten und deren Schnittstellen zueinander genau zu definieren und
- die Integrität der Teilmodelle innerhalb ihres Gültigkeitsbereichs, also ihrem Kontext, zu garantieren und zu erhalten.

Taskboard / Scrumboard
Ein **Taskboard bzw. Scrumboard** ist eine Technik zur Visualisierung des Sprint Backlogs.

Test Driven Design / Test Driven Development
Test Driven Design bzw. **Test Driven Development** beschreibt einen Softwareentwicklungsprozess, bei dem Software gegen zuvor erstellte Tests entwickelt wird.

Timebox
Eine **Timebox** ist ein fester Zeitrahmen für ein Projekt oder einen Vorgang im Projekt.

Ubiquitous Language
Die **Ubiquitous Language** ist ein Vokabular, welches die branchenüblichen Begriffe eines Fachgebiets umfasst.

User Story Mapping
User Story Mapping ist eine Visualisierungsmethode, die es erlaubt, das "flache" Product Backlog strukturiert darzustellen. Damit kann man die Struktur eines Systems plastisch erfassen.

WaterScrum
Bei **WaterScrum** folgt im Anschluss an einen Wasserfallprozess Scrum für die Entwicklung. Probleme entstehen, wenn die Organisation beispielsweise feste Anforderungen oder gar das Design vorgibt.

Water-Scrum-Fall
Water-Scrum-Fall beschreibt die Einbettung von Scrum in einen Wasserfallprozess.

Abkürzungsverzeichnis

CASE	Computer Assisted Software Engineering oder Computer Assisted System Engineering
CFD	Cumulative Flow Diagramm
CMMI	Capability Maturity Model Integration
EDV	Elektronische Datenverarbeitung
FIFO	First In First Out
FDD	Feature Driven Design
HMI	Human Machine Interface
IPC	Interprozesskommunikation
JIT	Just-In-Time
KM	Konfigurationsmanagement
MMR	Minimal Marketable Release
MVP	Minimum Viable Product
PBI	Product Backlog Item
PM	Projektmanagement
QS	Qualitätssicherung
SWE	Software-Erstellung
TOC	Theory Of Constraints
TPS	Toyota-Produktionssystem
WIP	Work In Process

Literaturverzeichnis

Abkürzungen erhalten bei Büchern 5 Zeichen. Die ersten drei werden aus dem ersten Namen der Autoren oder aus dem Namen des Standards (siehe V-M92) gebildet, wobei das erste Zeichen groß geschrieben wird. Ist das Erscheinungsjahr bekannt, so sind die Zeichen 4 und 5 die letzten beiden Ziffern des Erscheinungs-jahrs. Gibt es von einem Autor mehrere Veröffentlichungen im selben Jahr, so wird sein Name in der 3. Stelle eindeutig abgeändert.

Der Name von Internetquellen, die keine Standards sind, ohne Jahreszahl besteht aus 6 klein geschriebenen Zeichen.

Avr07	Avram, A., Marinescu, F.: "Domain Driven Design Quickly". C4Media, 2007
jurapp	Appelo, J.: " The 7 Levels of Delegation". https://medium.com/@jurgenappelo/the-7-levels-of-delegation-672ec2a48103 (Stand 27.05.2015)
Bec97	Beck, K.: "Make it Run, Make it Right: Design Through Refactoring. The Smalltalk Report". 6, S. 19-24, 1997.
Bec98	Beck, K.: in Buchreihe Lecture Notes in Computer Science, Buch "Fundamental Approaches to Software Engineering". Springer Berlin/ Heidelberg, Volume 1382, 1998.
Bec99	Beck, K.: "Extreme programming explained: Embrace change". Addison-Wesley Longman, Amsterdam, 1999.
billwa	Wake, B.: http://xp123.com/articles/invest-in-good-stories-and-smart-tasks/
Bla12	Blank, S.: " The Startup Owner's Manual: The Step-By-Step Guide for Building a Great Company". K&S Ranch, 2012.
Boe76	Boehm, B. W.: "Software Engineering". IEEE Transactions on Compu-ters, C-25, 12, S.1226-1241, 1976.
bwsfal	Wilson, B.: https://twitter.com/bradwilson/status/123820523129028609 (Stand 11.05.2015)
cucuhp	https://cucumber.io/ (Stand 28.05.2015)
cockbu	Cockburn, A.: "Hexagonal arichtecture". http://alistair.cockburn.us/Hexagonal+architecture (Stand 15.06.2015)

dddagg   Fowler, M.: "DDD_Aggregate". http://martinfowler.com/bliki/DDD_
              Aggregate.html (Stand 27.03.2015)

dcomwi   DDD Community: "What ist Domain-Driven Design?".
              http://dddcommunity.org/learning-ddd/what_is_ddd/ (Stand 11.05.2015)

dddref   Evans, E.: "Domain-Driven Design Reference".
              http://domainlanguage.com/ddd/patterns/DDD_Reference_2011-01-
              31.pdf (Stand 04.04.2015)

Eva03   Evans, E. J.: "Domain-Driven Design: Tackling Complexity in the Heart
              of Software". Addison Wesley, 2003.

Eva14   Evans, E.: "Domain-Driven Design Reference. Definitions and Pattern
              Summaries". Dog Ear Publishing, Indianapolis 2015

extend   Anderson, D.: "Extending the Five Core Practices of Kanban".
              http://www.djaa.com/extending-five-core-practices-kanban (Stand:
              24.03.2015)

gemddd   Moller Rasmussen, H.: " The Hidden Gem of DDD"
              http://de.slideshare.net/heinodk/domain-event-the-hidden-gem-of-ddd
              (Stand 04.04.2015)

csposm   "Story Maps – Landkarten für das Backlog". it-agile, http://www.it-
              agile.de/schulung/scrum-zertifizierung/schulung-zum-certified-product-
              owner-cspo/story-maps (Stand 26.03.2015)

Jac92   Jacobson, I.: "Object-Oriented Software Engineering – A Use Case
              Driven Approach". Addison-Wesley, Amsterdam, 1992.

jidoka   Toyota Motor Corporation: "Jidoka – Manufacturing high-quality
              products". http://www.toyota-global.com/company/vision_philosophy/
              toyota_production_system/jidoka.html (Stand 09.04.2015)

justin   Toyota Motor Corporation: "Just-in-Time – Philosophy of complete
              elimination of waste". http://www.toyota-global.com/company/vision
              _philosophy/toyota_production_system/just-in-time.html (Stand:
              25.03.2015)

lewisw   Lewis, J., Neher, K.: "Over the Waterfall in a Barrel – MIST Adventures
              in Scrum". http://agile2007.agilealliance.org/agile2007/downloads/
              proceedings/083_Over%20the%20Waterfall_842.pdf

Pat14   Patton, J.: " User Story Mapping: Discover the Whole Story, Build the
              Right Product". O'Reilly & Associates, 2014.

Pin11   Pink, D. H.: "Drive: The Surprising Truth About What Motivates Us".
              Riverhead Trade, 2011.

Pop03   Poppendieck, M., Poppendieck, T.: "Lean Software Development: An
            Agile Toolkit for Software Development Managers". Addison Wesley,
            2003

Red00   Reder, R., Brandtner, C., Bürgstein, M.: "Requirements Engineering"
            http://www.swe.uni-linz.ac.at/teaching/lva/ws99-00/seminar/
            RequirementsEngineering.pdf, 2000.
            (Stand: 09.05.2012)

Rie11   Ries, E.: "The Lean Startup: How Constant Innovation Creates
            Radically Successful Businesses". Portfolio Penguin, 2011

ronref   Jeffries, R.:
            http://xprogramming.com/articles/expcardconversationconfirmation/

Roy70   Royce, W. W.: "Managing the Development of Large Software
            Systems". Proceedings of IEEE WESCON, S. 1-9, 1970.

Sch12   Schäufele, M.: "Konzeption und Realisierung eines MMI durch eine
            Android-Applikation in einem verteilten System zur Unterstützung von
            Verkehrsteilnehmern im innerstädtischen Bereich". Bachelorarbeit an
            der Hochschule Esslingen, 2015.

scrgui   Schwaber, K., Sutherland, J.: "The Scrum Guide."
            http://www.scrumguides.org/, 2013. (Stand: 26.03.2015)

taskbo   Agile Alliance: "Task Board". http://guide.agilealliance.org/guide/
            taskboard.html (Stand: 24.03.2015)

umupea   UX Magazine: "Using Proto-Personas for Executive Alignment".
            http://uxmag.com/articles/using-proto-personas-for-executive-alignment
            (Stand: 21.04.2015)

V-M09   V-Modell XT, V 1.3, 2009, Download von http://www.v-modell.iabg.de,
            dann Menüpunkt Downloads für V-Modell XT anklicken, 2009.
            (Stand: 02.05.2012)

V-M92   "BMI, Planung und Durchführung von IT-Vorhaben in der Bundes-
            verwaltung - Vorgehensmodell (V-Modell)". Schriftreihe der KBSt, ISSN
            01 79 - 72 63, Band 27/1, Koordinierungs- und Beratungsstelle der
            Bundesregierung für Informationstechnik in der Bundesverwaltung
            KBSt, 1992.

V-M97   V-Modell, Download von http://v-modell.iabg.de, dann Menüpunkt
            Downloads für V-Modell 97 anklicken, 1997.
            (Stand: 02.05.2012)

Ver13   Vernon, V.: "Implementing Domain-Driven Design". Addison-Wesley,
             Westford, Massachusetts, 2013

wbaama   Whirfs-Brock, R.: "Agile Architecture Myths #2 Architecture Decisions
             Should Be Made At the Last Responsible Moment". http://wirfs-
             brock.com/blog/2011/01/18/agile-architecture-myths-2-architecture-
             decisions-should-be-made-at-the-last-responsible-moment/ (Stand:
             11.05.2015)

Index

Printed in the United States
By Bookmasters